“十三五”普通高等教育应用型规划教材·会计与财务系列

纳税申报实训

（第3版）

主　编　王　红
副主编　蔡香梅　李桂兰　涂清梅

TAX DECLARATION TRAINING

中国人民大学出版社
·北京·

图书在版编目（CIP）数据

纳税申报实训/王红主编．—3版．—北京：中国人民大学出版社，2019.11
“十三五”普通高等教育应用型规划教材．会计与财务系列
ISBN 978-7-300-27457-7

Ⅰ.①纳… Ⅱ.①王… Ⅲ.①纳税-税收管理-中国-高等学校-教材 Ⅳ.①F812.423

中国版本图书馆CIP数据核字（2019）第214019号

“十三五”普通高等教育应用型规划教材·会计与财务系列
纳税申报实训（第3版）
主　编　王　红
副主编　蔡香梅　李桂兰　涂清梅
Nashui Shenbao Shixun

出版发行	中国人民大学出版社		
社　　址	北京中关村大街31号	**邮政编码**	100080
电　　话	010－62511242（总编室）		010－62511770（质管部）
	010－82501766（邮购部）		010－62514148（门市部）
	010－62515195（发行公司）		010－62515275（盗版举报）
网　　址	http://www.crup.com.cn		
经　　销	新华书店		
印　　刷	天津鑫丰华印务有限公司	**版　　次**	2016年8月第1版
规　　格	185 mm×260 mm　16开本		2019年11月第3版
印　　张	10.75 插页1	**印　　次**	2022年1月第7次印刷
字　　数	204 000	**定　　价**	29.00元

前 言

富兰克林有一句名言：人的一生有两件事不可避免：死亡和纳税。企业与税收密不可分，错误的涉税行为会导致企业经济利益的流出。随着税收制度越来越规范，税收监管力度不断加强，企业面临的涉税风险越来越大，因此，越来越多的企业意识到涉税行为的重要性，设立独立的税务会计岗位的企业也越来越多。

为了适应社会需求，培养动手能力强、能够熟练处理涉税业务、科学进行税务筹划的高素质技能型人才成为各高校的目标。从目前情况来看，很多高校开设了“税法”“税务会计”“税务筹划”课程，但同时开设“纳税申报实训”课程的并不多，以培养学生涉税业务处理能力为目的的教材也不多，再加上税收法规制度的变动非常快，尤其是近两年，税制改革的力度前所未有，税收申报的主要形式也向电子申报转变，以前的教材已经无法满足需要。为了提供一套最新的符合现行税收法律制度变革且反映真实税收流程的教材，我们“纳税申报实训”课程组花费大量时间整理出了这本《纳税申报实训》教材。

本教材体现了最新的税收制度改革，利用业务原始凭证和纳税申报表格为学生提供了一个全真的模拟空间。通过全真的模拟实务演练，可以培养学生对各税种的准确计算能力、纳税申报表主表及附表的填列能力，以促使学生通过实训将所学的会计与税法专业知识有机地结合起来，进而达到对所学知识的充分理解和有效运用，既直观、实用，又培养了使用者的实际操作能力和综合运用能力。

全书共分 5 章。第 1 章主要阐述设立本课程的必要性、本课程要实现的总体目标和具体目标，并对常用的纳税申报模拟实训软件做了基本介绍。第 2～5 章对企业从设立登记开始涉及的税务行为及具体税种（包括增值税、消费税、所得税、城市维护建设税、教育费附加、印花税、房产税等）的计算、申报缴纳进行全真的模拟实训。最后提供了部分实训参考答案和《增值税发票开具指南》。

与其他相关实训教材相比，本实训教材具有以下明显优势：

（1）紧扣最新的税收法规制度改革。税收制度在最近几年的改革力度前所未有，尤其是2016年营改增的全面推开及个体工商户的生产经营所得和对企事业单位的承包经营、承租经营所得适用个人所得税的申报制度的变化，之前的教材已不再适用于实践教学。本教材在编制时完全遵循最新的税收法规制度，比如纳税申报流程的改革、增值税的改革、消费税税目的调整、所得税核算内容及申报制度的改革等。

（2）兼顾手工和电子申报双重实训需要。根据各高校实训条件的不同，本课程组在编制实训资料时既考虑了手工实训的需要，又增加了电子申报模拟实训中所需要的特殊信息资料，如客户、供应商、商品等基本信息资料的设置，使教材更具灵活性。

（3）所有原始凭证都是仿真设计。本教材所有的原始凭证都进行了仿真设计，如增值税普通发票和专用发票、各税种的纳税申报表都是真实资料的再现，与现实中的原始凭证及纳税申报表一模一样，增强了实训的现实感。

（4）实训内容全面、完整。本教材包含了流转税、所得税和其他小税种，内容丰富，涵盖面广，实训教师可以根据实训课时灵活选择实训内容，合理安排。

本教材由王红担任主编，蔡香梅、李桂兰、涂清梅担任副主编，参加编写的还有李继志、陈志娟、曾尚梅，因此，本书是“纳税申报实训”课程全体教师辛勤付出的结果。课程组多次对模拟实训所涉及的内容、实训环节、教材的整体框架等进行深入讨论，最后由王红进行修改和定稿。本教材的编写也得到了湖南农业大学商学院副院长杨亦民的大力支持，在此表示衷心的感谢！

由于修改、编写时间仓促，难免存在缺点和疏漏，恳请读者、专家批评指正。

“纳税申报实训”课程组

目　录

第1章

概 述

1.1 纳税申报模拟实训课程的必要性

“依法办事，依率计征”是我国税收征收管理工作的原则，这既要求税务机关按照税法的规定征税，也要求纳税人严格按照税法的规定从事核算税收的形成、计算、缴纳、补退等与纳税有关的经济活动。同时，随着会计制度和税收制度改革的不断深入以及电脑网络技术的日益普及，纳税人自行网上申报成为最方便、最快捷的税款缴纳模式，这就要求税务会计人员不但要掌握会计专业知识，还要掌握计算机知识，更要熟知税法，熟悉有关经济事项的税务处理。

为了使会计学专业的学生能够更好地接近现实，对税收法律制度有一个完整的认识，能够在毕业后充当一个很好的税收管理人员，既能从容地从事税款征收工作，也能熟练地完成税款自我申报及税务筹划工作，就需要在大学学习阶段开设“纳税申报实训”课程，为学生提供一个全仿真的纳税管理申报平台。通过全真的模拟实务演练，要求学生掌握模拟涉税业务牵涉的各税种的计算、纳税申报表主表和附表的填列，以及完成会计核算等业务的模拟实训，促使学生通过实训将所学的会计与税法专业知识有机地结合在一起，进而达到对所学知识的充分理解和有效运用，既直观、实用，又培养使用者的实际操作能力。

从目前情况来看，大多数高校都分别开设有“税法”“税务会计”“税务筹划”等课程，从理论层次上让学生对税务的重要性有了较全面的理解，但大多数学校忽视了对学生实际动手能力的培养，“纳税申报实训”课程的开设率非常低，这让一部分学生在毕业后无法很好地处理涉税业务，不能很好地完成工作任务。

为社会输送高素质人才，是高等院校人才培养的首要目标。随着税务工作越来越受到重视，培养动手能力强、能够熟练处理涉税业务、科学进行税务筹划的高素质人才成为各高校迫在眉睫的任务，开设“纳税申报实训”课程刻不容缓。

1.2 纳税申报实训课程的目标

1.2.1 总体目标

“纳税申报实训”课程是高校财会、税务专业一门非常重要的实训课程，是在学生学习了财会、税务等相关专业课程之后开设的。通过本课程的学习，要达到如下总体目标：

（1）使学生系统全面地掌握税务征收、管理、纳税申报的整个涉税操作过程。在具体的操作过程中，学生通过纳税申报、征收管理等各种涉税业务的实训，实现学与练、理论与实践的有机结合。

（2）培养学生掌握各税种申报技能，为即将从事的相关工作（如办税员等岗位）打下坚实的基础，使其成为理论与实际相结合、企业和社会需要的涉税处理专业人才。

1.2.2 具体目标

通过本课程的学习，要达到如下具体目标：

（1）全面掌握企业涉税业务处理流程，全面了解我国现行纳税申报体系。

（2）熟练掌握增值税专用发票及普通发票的开具；能准确地计算一般纳税人税款抵扣法和简易征收法下应纳税额的计算；熟练掌握两种不同纳税身份的增值税纳税义务人纳税申报表主表及对应附表的填列。

（3）熟练掌握消费税的计算，并能独立、准确填写其纳税申报表及相应的附表。

（4）熟练掌握所得税的计算及申报缴纳，包括企业所得税的计算及按季预缴和年度汇算清缴方式下的纳税申报表主表及各相应附表的填列；个体工商户的生产经营所得应纳个人所得税的计算及纳税申报表的填列。

（5）熟练掌握城市维护建设税、教育费附加、房产税、城镇土地使用税、印花税等小税种的计算并能准确填写其对应的纳税申报表。

1.3 纳税申报实训的内容

本实训课程的基本内容如下：

第 1 章主要阐述设立本课程的必要性、本课程需要实现的总体目标和具体目标，并对目前常用的纳税申报实训软件做基本介绍。

第 2 章主要介绍涉税活动的基本流程，对设立税务登记、税务认定、发票管理等企业必须涉及的基本活动做比较详细的阐述。同时配有对应的实训资料，让学生对流程有更加直观的认识。

第 3 章模拟增值税和消费税的纳税申报，包括增值税专用发票和普通发票的开具、纳税申报表主表及附表的填列和申报。

第 4 章模拟企业所得税及个人所得税的纳税申报，包括预缴和按年度汇算清缴两种方式下的所得税纳税申报表主表及一系列附表的填列和申报。

第 5 章模拟其他小税种的纳税申报，包括城市维护建设税、教育费附加、房产税、城镇土地使用税及印花税等的纳税申报。

附录提供部分参考答案和《增值税发票开具指南》。

1.4 纳税申报实训常用软件简介

1.4.1 广州市福思特科技有限公司开发的纳税申报软件

广州市福思特科技有限公司开发的税收申报仿真实训教学系统目前有较高的使用度。该软件是模拟企业办理涉税业务的全仿真教学软件，适用于一般纳税人企业和小规模纳税人企业。该软件按照涉税业务的实际操作流程要求，各功能划分清晰，且功能间有一定的联系，形成了一个由浅入深、遵循税务教学要求的体系，能很好地提高学生涉税业务的实际操作能力。

税收申报仿真实训教学系统操作简单、界面友好，做到了“所见即所学”，即时提示如何操作，学生上机即能操作使用。税收申报仿真实训教学系统首页如图 1－1 所示。

图 1-1　税收申报仿真实训教学系统首页

软件包含五个子系统和一个理论学习模块，分别是企业电子申报管理系统、税务局、电子税务局、增值税防伪开票系统、增值税发票选择确认平台及课程学习。

1. 企业电子申报管理系统

增值税一般纳税人下，企业电子申报管理系统包括基础信息、进项发票、销项发票、税务凭证管理、报表填写、申报管理六个子模块，其详细内容如下：

（1）基础信息。通过基础信息完成参数设置、系统配置、公司资料设置、期初信息设置、常用税目管理、供应商/客户资料管理、货物信息管理、海关口岸管理、常用税务机关管理、成品油型号设置、加油枪信息管理、下属企业管理、开票系统税目初始化、消费税类别设置、消费税税目设置等相关的实训操作。

（2）进项发票。通过进项发票完成防伪税控进项增值税专用发票、税务局代开进项增值税发票、海关进口增值税专用缴款书、运输费用结算单据、代扣代缴税收通用缴款书、农产品收购统一发票、机动车进项发票、农产品销售发票、进项税额转出额、进项发票查询以及待认证进项发票的录入、查询、修改、导出等相关实训操作。

（3）销项发票。通过销项发票完成防伪税控销项增值税专用发票、防伪税控增值税普通发票、机动车销售统一发票、二手车销售发票、未开具发票、纳税检查调整、通用机打发票、其他增值税普通发票、油机信息维护、销售分配表以及销项发票的录入、查询、修改等相关实训操作。

（4）税务凭证管理。通过税务凭证管理完成退税凭证管理、留抵欠税通知单以及纳税申报调整单的录入、修改、审核、复查等相关实训操作。

（5）报表填写。通过报表填写完成增值税一般纳税人、增值税小规模纳税人以及各类消费税申报表的填写、修改、审核、复查等相关实训操作。

（6）申报管理。通过申报管理完成申报盘、撤销申报、申报查询、网络申报、作废申报、税款缴纳等实训操作。

2. 税务局

税务局包括税务管理、系统管理、数据管理、催报/催缴四个子模块。在这四个子模块中，用户可以对其税务局端的数据进行维护与管理，详细内容如下：

（1）税务管理。在税务管理模块中，用户进入可查看企业发票管理及所有企业的各个税种申报情况，包括发票管理、代开发票、发票查询、增值税纳税申报（营改增）、消费税纳税申报表、个人所得税年所得12万元以上自行申报审核、企业所得税（年度）、企业所得税（月度）、资产负债报表、利润报表、个人所得税、附加税（费）申报、资源税、土地增值税、城镇土地使用税、房产税、印花税、耕地占用税、烟叶税、契税、环境保护税、残疾人就业保障金、车船税、车辆购置税。

（2）系统管理。系统管理模块主要包括用户管理、企业资料管理、变更税务登记、外出经营活动四个功能。

（3）数据管理。数据管理模块包括接收企业申报数据、综合查询两个功能。接收企业申报数据是指接收企业在企业端填写的纳税申报数据文件；综合查询是指查询企业缴税和欠税记录。

（4）催报/催缴。催报/催缴模块包括催报、催缴两个功能。催报是指录入尚未报税的企业、税种，将信息发送给企业，提醒企业及时报税；催缴是指查看已报税尚未缴税的企业、税种、未缴税信息。

3. 电子税务局

用户在电子税务局完成实名认证以后方可进入，可对企业的各个税种进行申报、查询、缴费、变更税务登记等操作。电子税务局中包括申报缴税、涉税查询、发票管理三个子模块，另外还提供个人所得税年所得12万元以上自行申报和业务计算辅助功能。

（1）申报缴税。申报缴税模块中，用户可以实现企业各个税种的申报表填写、网上缴税、申报作废、社保费管理、财务报表填写等功能，包括申报清册—税费申报、申报清册—车辆购置税申报、申报清册—清缴税款、申报清册—申报作废、申报清册—社保费管理四个功能。

（2）涉税查询。涉税查询模块包括税务登记查询、申报征收查询、发票业务查询三个功能。

（3）发票管理。发票管理模块包含发票领用、发票认证、调整申请、办理发票事项查询四个功能。

（4）业务计算辅助。业务计算辅助包括引导学习、自我测试、自我考试三大功能，主要涉及资源税、土地增值税、城镇土地使用税、企业所得税等10个税种。

（5）个人所得税年所得12万元以上自行申报。个人所得税年所得12万元以上自行申报中，可以进行年所得12万元以上自行申报纳税操作。

4. 增值税防伪开票系统

增值税防伪开票系统包括系统设置、发票管理、报税处理、系统维护四个子模块。在这四个子模块中，用户可以对增值税防伪开票系统的数据进行维护与管理，其详细内容如下：

（1）系统设置。系统设置模块包括初始化起、参数设置、客户编码、商品编码、类别编码、税目更新、初始化七个功能。

（2）发票管理。发票管理模块包括发票读入、发票退回、专用发票填开、发票查询、发票作废五个功能。

（3）报税处理。报税处理模块包括发票资料、状态查询、月度统计、抄税处理、资料传出五个功能。

（4）系统维护。系统维护模块包括备份目录、数据备份、查询备份、数据整理、软盘备份、操作员、日志查询七个功能。

5. 增值税发票选择确认平台

增值税发票选择确认平台包括首页、发票勾选、批量勾选、确认勾选、发票查询、抵扣统计、档案信息维护七个子模块，详细内容如下：

（1）首页。发票扫描模块包括工作台、帮助两个功能。

（2）发票勾选。发票勾选模块包括查询条件区域、发票查询结果勾选操作区域、帮助、业务查看四个功能。

（3）批量勾选。批量勾选模块，是针对发票数据量较大、逐票勾选模式不太适用的情况下给纳税人提供的一项优化服务，包括当前税款所属期、下载发票文件、上传、批量勾选记录、帮助五个功能。

（4）确认勾选。确认勾选模块是对当期已勾选的发票信息进行确认操作，包括当前税款所属期、确认标志和查询、确认勾选发票清单、帮助四个功能。

（5）发票查询。发票查询模块主要向用户提供发票明细的查询功能，包括当前税款所属期、查询区域、帮助三个功能。

（6）抵扣统计。抵扣统计模块主要指定统计所属期内勾选确认成功的发票，包括发票份数、金额、税额合计等。其功能包括税款所属期、统计查询、打印、申报抵扣发票统计表、查看明细、帮助。

(7) 档案信息维护。档案信息维护模块包括基本信息维护、平台密码维护、帮助三个功能。

6. 课程学习

课程学习提供16个章节内容和配套课堂练习，包括700多道标准题和40多道实操题。

1.4.2 用友财税一体化实训教学软件

用友软件公司开发了一款财税一体化实训教学软件：U8.72财税一体化信息系统。基于用友软件公司在国内财务核算领域最广泛的应用，依托在上海、山东、江西、湖北、四川等省市多年的税务核算的经验以及强大的技术研发能力，用友软件公司开发出基于“业务核算-财务核算-税务核算”的U8.72财税一体化信息系统。该实训软件以一个虚拟企业的业务案例为主线，使读者在了解该软件总体架构的基础上，系统学习业务、财务、税务三位一体的财税协同、一体化处理的信息化核算和管理的全部业务流程。

该实训软件主要分为财务会计和税务会计两个部分：财务会计部分包括系统管理、基础设置、总账系统日常业务处理、薪资管理、UFO报表等；税务会计部分包括电子税务系统概论、企业税务信息鉴定、税务报表填制、模拟网上申报和模拟增值税开票等内容，案例丰富实用，既能满足税法、税务会计等课程模块化实践练习的需要，也适合会计、税务等相关专业财税一体化综合实践课程的使用。

税务会计部分包括的具体内容有：第一大部分为电子税务系统概论，包括功能概述、电子税务系统业务处理流程；第二大部分为系统功能简介，包括基础操作、基本功能；第三大部分为企业税务信息鉴定，包括系统简介、一般性实训流程（鉴定信息下载、鉴定信息维护）、企业税务信息鉴定；第四大部分为税务报表填制，包括系统简介、一般性实训流程（以增值税为例说明，包含申报税种选择、手工填写报表、财务账套取数、数据保存、数据修改、报表导出、页面设置、打印预览、报表打印、电子数据生成）、增值税报表填制、消费税报表填制、个人所得税报表填制、企业所得税报表填制；第五大部分为模拟网上申报，包括系统简介、一般性实训流程（包含模拟网报登录、纳税申报表在线填写、电子数据导入申报）；第六大部分为模拟增值税开票，包括系统简介、一般性实训流程（包含系统登录、系统设置、发票管理、开具红字发票、发票查询、发票作废）。

1.4.3 税友软件集团开发的纳税申报软件

税友软件集团股份有限公司（以下简称税友）是一个以财税与信息技术为专长、服务于电子政务及千万企业与个人的专业品牌，致力于以领先的互联网与大数据技术，构建以财税软件、财税专业培训、财税业务咨询、互联网金融、中小企业成长服务为主体的互联网综合业务平台。

税友成立于2000年，总部位于杭州。目前在全国拥有3大研究机构、17家分公司、百余家服务网点，为全国超过500万家企业和政府组织提供财税咨询、软件研发、数据管理、信息利用等综合服务。同时，税友在财税大数据分析、个人税收管理系统、电子税务局、税务审计、税务风险管理等领域，长久保持着领先业界的技术与业务优势，并在全国范围内拥有大量成功案例和成熟的推广经验。自2010年以来，税友先后中标国家金税三期工程核心项目，为中国税务信息化的建设与发展做出了突出贡献。

税友先后通过了CMMI4、ITIL、系统集成一级等资质认证，并全面建立了ISO 9001质量管理体系、ISO 20000信息技术服务管理体系。同时，税友也是国家规划布局内重点软件企业、国家高技术产业化示范基地、中国税务软件重要供应商、中国纳税服务市场主流厂商。

税友推出了一系列针对教学的税务实训产品，包含税务登记、税种鉴定、一般纳税人认定、开票资格认定、金税卡发行、IC卡发行、增值税发票购买、增值税发票开票、抄报税、增值税发票认证、增值税纳税申报、企业所得税申报、个人所得税全员全额申报等实训软件、外设、教材、证书等，企业端和税务局端一应俱全，仿真程度非常高。

整个实训内容包含以下模块：

（1）增值税防伪税控开票系统操作；

（2）增值税发票网上认证系统操作；

（3）增值税普通发票开票系统；

（4）增值税网上申报（以一般纳税人为例）；

（5）企业所得税网上申报（以查账征收汇算清缴为例）；

（6）消费税类网上申报（以烟类消费税为例）；

（7）个人所得税代扣代缴网上申报；

（8）个人所得税（12万元）自主申报实训系统；

（9）个人所得税生产经营所得网上申报系统；

（10）重点税源监控数据采集与网上直报系统。

1.4.4 电子报税实训教学软件 V2.0（国泰安）

国泰安公司研发设计了结合一线教学实际需要的电子报税实训教学软件。软件采用先进的计算机技术和多媒体技术，弥补了传统实训软件耗时多、枯燥、老师批改和考核困难等缺陷，有效地提高了电子报税实训的质量和效率。

软件分为两大部分：第一部分是理论学习部分，供老师讲课和学生巩固知识点使用，理论学习是通过电子书的形式把知识点全面地展示给学生，提供了相关纳税申报的图表与示例，并配有大量的音频、视频和动画，老师可以随堂讲解和演示，解决了纳税申报抽象难解的问题。第二部分为实训部分，包括企业端、国税端和地税端。税务局端的主要功能是对企业端申报的报税数据进行审查和核对；企业端的功能模块包括防伪税控开票、增值税发票抄报税、企业信息申报、企业税种申报等申报过程，还包括企业信息核对、企业前期背景资料查看、申报数据查看等功能，同时还有电子报税实例的flash 动画仿真演示。

从整体上看，电子报税实训教学软件分为三个层面来实施教学。

（1）练习层面。软件提供强制引导学习，智能判错，并能智能查询、批量显示错误及漏填之处，提供正确答案和帮助信息等功能，方便学生自学和练习。

（2）实习层面。软件将关闭强制引导学习功能，只提供帮助信息，不提供正确答案。同时，通过学生提交实习操作答题情况，教师可对学生整个实习操作进行监控（包括评分、查看学生答题情况、分数统计、导出 Excel 等）。

（3）考试层面。教师需要在教师端设置考试信息。学生登录后，进入考试软件，学生的整个考试情况将被教师端监控。软件针对考试舞弊情况还推出了强制交卷功能，教师可根据情况，马上终止指定学生的考试，同时也可以恢复学生的考试资格。

第2章

税务登记及发票领购流程操作实训

企业、企业在外地设立的分支机构和从事生产、经营的场所，个体工商户和从事生产、经营的事业单位（以下统称从事生产、经营的纳税人），必须向生产、经营所在地税务机关申报办理开业税务登记，在“五证合一，一照一码”的登记制度下，不再单独领取税务登记证；完成税务登记后办税员必须在申报报税之前，到税务机关的征收管理科申请税种认定登记；办理完税务登记后，办税员需要到主管税务机关办理发票领购业务，才能进行后续的增值税发票开具及税款申报工作。企业缴纳的税按征收部门主要分为国税、地税、国家和地方共享税，国税局和地税局合并后，企业可以统一在电子税务局平台完成税款的缴纳。企业主要涉税业务及流程如图 2-1 所示。

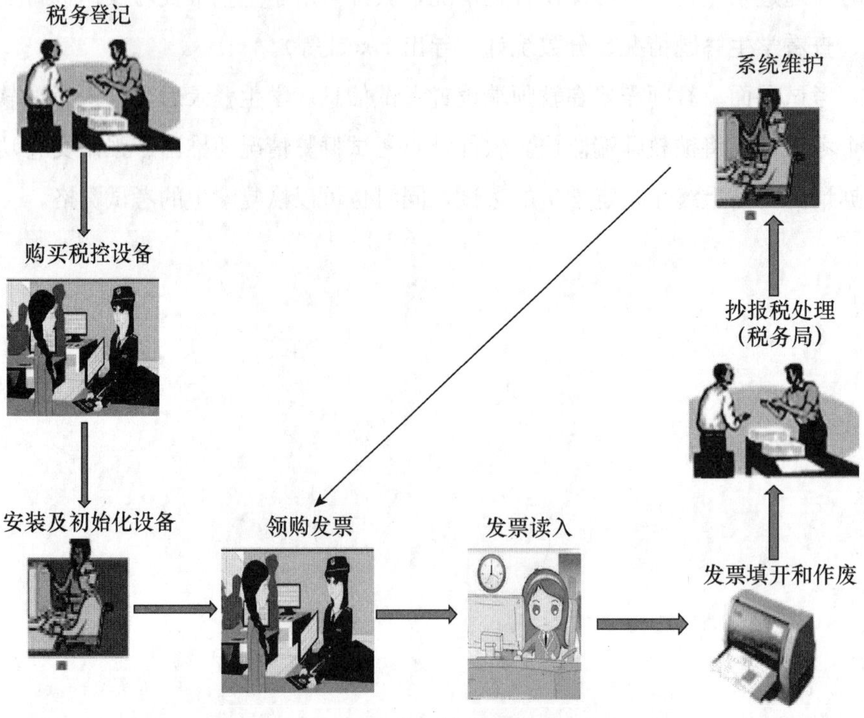

图 2-1　企业主要涉税业务及流程

2.1　设立税务登记

为了简化市场准入环节，减少企业成本，我国对企业登记管理制度进行了深度改革，由原来企业依次申请、各部门分别办理证照，改为企业一次性申请、工商（市场监管）部门一个窗口受理和一个部门发照，做到准入登记与赋码同步完成。企业登记信息将通过数据交换中心一个平台共享至质监、税务、社保、统计等部门，即实行“五证合一，一照一码”的登记制度。通过改革，原来登记要准备多份重复登记材料，填写多个重复的申请表格，现在只需要准备一套登记材料，填写一份申请表格，即可领取“一照一码”，为企业节约了成本。

2.1.1　设立登记流程

设立登记流程如图 2－2 所示。

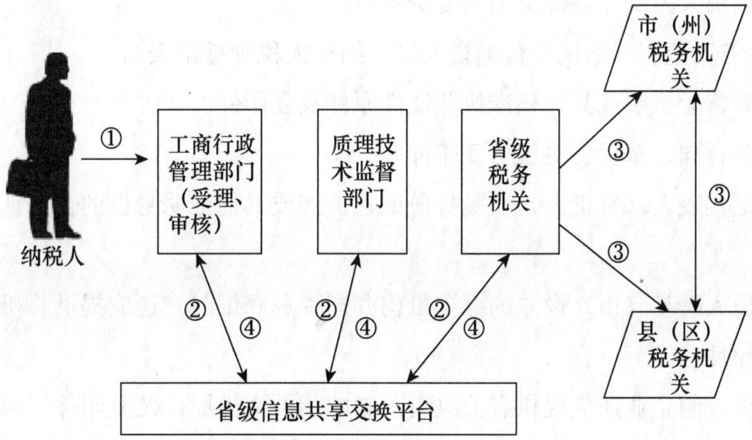

图 2－2　设立登记流程图

第一步：工商行政管理部门在一个窗口统一受理、审核申请后，申请材料和登记信息在部门间共享，各部门数据互换、档案互认。

第二步：各级登记机关核准企业新设登记后，将其基本登记信息即时共享到省级信息共享交换平台。

第三步：省级税务机关在交换平台获取“五证合一”企业登记信息后，在税务机关内部进行分配。

第四步：税务机关确认纳税人信息后，将该主管税务机关全称即时共享到交换平台。

［注意事项］

（1）企业领取“一照一码”营业执照后，不再领取税务登记证和企业机构代码证。

（2）对于工商登记已采集信息，税务机关不再重复采集；其他必要涉税基础信息，在企业办理有关涉税事宜时，及时采集，陆续补齐。

（3）纳税人首次办理纳税申报或领用（代开）发票时，再对纳税人进行税种（基金、费）核定。

2.1.2　设立税务登记和税种认定

在完成开业登记后，单位纳税人、合伙企业、个人独资企业、一人有限责任公司、外国企业常驻代表机构还需要到主管税务机关申报办理税务登记、进行税种认定等手续。

在办理“一照一码”后，纳税人的相关信息会传递到省级信息共享交换平台。在办理税务登记和税种认定时，主管税务机关可以从交换平台提取相关信息，并对一些信息进行补充登记。

以单位纳税人为例，需提交的主要资料有：

（1）《税务登记表（适用单位纳税人）》《纳税人税种登记表》。

（2）工商营业执照或其他核准执业证件原件及复印件。

（3）有关合同、章程、协议书复印件。

（4）法定代表人（负责人）居民身份证、护照或其他证明身份的合法证件原件及复印件。

（5）纳税人跨县（市）设立的分支机构办理税务登记时，还应提供总机构的税务登记证副本复印件。

（6）改组改制企业还应提供有关改组改制的相关文件原件及复印件。

（7）汽油、柴油消费税纳税人还应提供：生产企业基本情况表；生产装置及工艺路线的简要说明；企业生产的所有油品名称、产品标准及用途。

（8）外商投资企业还应提供商务部门批复设立证书原件及复印件。

（9）外国企业常驻代表机构还应提供：

1）注册地址及经营地址证明（产权证、租赁协议）原件及复印件；如为自有房产，应提供产权证或买卖契约等合法的产权证明原件及复印件；如为租赁的场所，应提供租赁协议原件及复印件，出租人为自然人的还应提供产权证明的原件及复印件。

2）首席代表（负责人）护照或其他合法身份证件的原件及复印件。

3）外国企业设立代表机构的相关决议文件及在中华人民共和国境内设立的其他代表机构名单（包括名称、地址、联系方式、首席代表姓名等）。

纳税人提交资料的流程如图 2－3 所示。

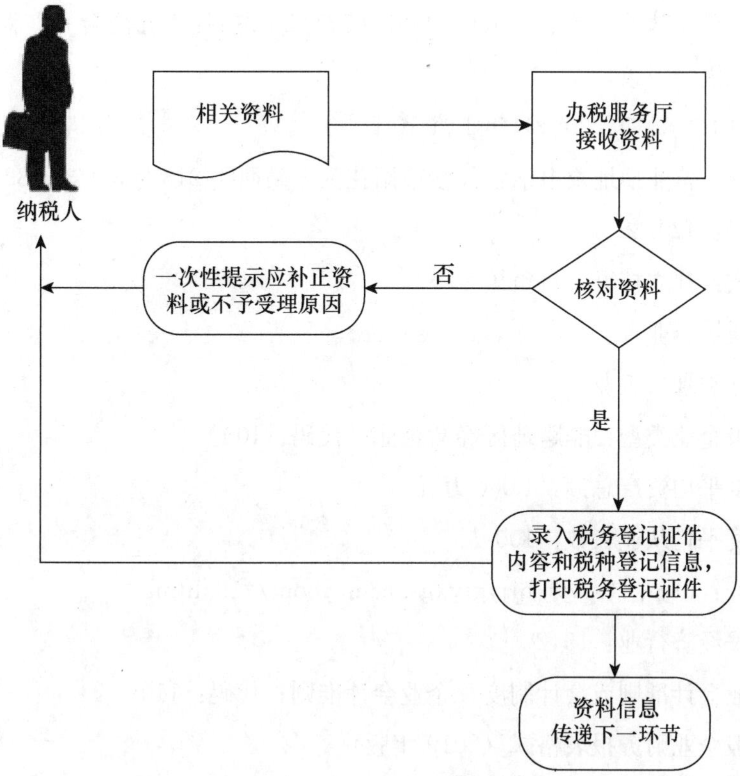

图 2－3　纳税人提交资料流程图

2.1.3　操作模拟实训

以单位纳税人为例进行模拟实训。

1. 模拟实训公司基础信息

湖南省仁源酒业股份有限公司成立于 20××年 1 月 10 日，已完成前期工作，现需办理新设企业涉税业务，公司基础信息如下：

纳税人名称：湖南省仁源酒业股份有限公司

纳税人识别号：914301111837652711（后 5 位数字，也可根据学生的专业、班级、学号等实际情况进行安排，一人分配一个识别号）

纳税人身份：一般纳税人

一般纳税人资格生效日期：次月 1 日

纳税人编码：010500001962

登记注册类型：股份有限公司

批准设立机关：长沙市工商局

企业法人营业执照号码：91430111837652711（说明："五证合一"制度下，该号码与纳税人识别号一致）

开业（设立）日期：20××年1月10日

注册地址、营业地址及电话：长沙市雨花区车站西路213号，0731-82736421

邮政编码：420138

核算方式：独立核算，自负盈亏

单位性质：企业

主营业务类别：工业

纳税申报企业类型：非跨地区经营企业；代码：100

全年季度平均资产总额：1 000万元

全年季度平均从业人数：100人

网站网址：http://www.hrjygfyxgs.com/about/?19.html

所属国民经济行业：1512

适用企业会计准则或会计制度：企业会计准则；代码：110

采用一般企业财务报表格式（2019年版）

经营范围：白酒及其他酒类制品

法定代表人：李安仁，身份证号码：430181197102163210

财务负责人：林少华，身份证号码：430181197308192108

办税员（同时兼购票员）：王文星，身份证号码：430181197310120321

增值税专用发票每月领购50份，每次最高领票数量50份，最高开票限额10万元

增值税普通发票每月领购10份，每次最高领票数量10份，最高开票限额10万元

税控服务商：上海爱信诺航天信息有限公司

会计主管：王远之

注册资本：500万元

开户银行：长沙市工行袁家岭支行

开户许可证核准号（开户登记证号）：J4301190508901

开户账号：5309188034765

账户性质：基本存款账户

开户日期：20××年1月20日

投资方名称：陈小光，身份证号码：430181196909185210；投资比例：40%；住所地址：湖南省长沙市开福区人民西路 250 号

投资方名称：刘小利，身份证号码：430181196909180245；投资比例：40%；住所地址：湖南省长沙市芙蓉区马坡岭路 100 号

投资方名称：新亚股份有限公司，营业执照号码：430111108926071；投资比例：20%

信用度：A

监控标志：区县级重点税源户

增值税优惠：允许即征即退

主管税务机关：长沙市雨花区税务局

企业社会保障号：914301111837652711（说明："五证合一"制度下，该号码与纳税人识别号一致）

所属行政区域：4301（湖南省长沙市）

投资性质：内资；无境外业务

企业所得税预缴申报类型：按季据实申报

是否有消费税：有消费税

消费税类型：酒类

是否挂账：否

是否需要成品油申报：否

是否应税服务差额征税企业：是

税目类型：长沙市标准税目

进项票需要先比对后抵扣：否

是否需要申报税负变化表：否

是否发生增值税税控系统专用设备费用和技术维护费：是

是否营改增应税服务汇总缴纳：否

申报类型：正常申报

记账本位币：人民币

固定资产折旧方法：直线折旧法（年限平均法）

低值易耗品摊销方法：五五摊销法

存货结转成本计价方法：全月一次加权平均

产品成本核算方法：分类法

坏账损失核算方法：备抵法，未报主管税务机关批准

所得税计算方法：资产负债表债务法

2. 表格填写

填写表2-1、表2-2。

表2-1　税务登记表
（适用单位纳税人）

填表日期：

纳税人名称						
纳税人识别号						
登记注册类型		批准设立机关		批准设立证明或文件号		
开业（设立）日期		生产经营期限		证照名称		证照号码	
注册地址			邮政编码		联系电话	
生产经营地址			邮政编码		联系电话	
核算方式	请选择对应项目打“√”□独立核算 □非独立核算				从业人数	______其中外籍人数____
单位性质	请选择对应项目打“√”□企业 □事业单位 □社会团体 □民办非企业单位 □其他					
网站网址			国标行业	□□ □□ □□ □□		
适用会计制度	请选择对应项目打“√” □企业会计制度 □小企业会计制度 □金融企业会计制度 □行政事业单位会计制度					
经营范围	请将法定代表人（负责人）身份证件复印件粘贴在此处。					

项目 内容 联系人	姓名	身份证件 种类	身份证件 号码	固定电话	移动电话	电子邮箱
法定代表人（负责人）						
财务负责人						
办税人						

税务代理人名称	纳税人识别号	联系电话	电子邮箱

注册资本或投资总额	币种	金额	币种	金额	币种	金额

投资方名称	投资方经济性质	投资比例	证件种类	证件号码	国籍或地址

自然人投资比例		外资投资比例		国有投资比例	
分支机构名称		注册地址		纳税人识别号	
总机构名称			纳税人识别号		
注册地址			经营范围		
法定代表人姓名		联系电话		注册地址邮政编码	
代扣代缴、代收代缴税款业务情况	代扣代缴、代收代缴税款业务内容			代扣代缴、代收代缴税种	
附报资料：					
经办人签章： ___年__月__日		法定代表人（负责人）签章： ___年__月__日		纳税人公章： ___年__月__日	

以下由税务机关填写：

纳税人所处街乡		隶属关系	
主管税务机关		主管税务所（科）	
经办人（签章）： 税务机关经办人：_______ 受理日期： _______年_______月_______日		税务登记机关 （税务登记专用章）： 核准日期： _______年_______月_______日 主管税务机关：	
核发《税务登记证副本》数量：　　本　发证日期：_______年___月___日			

说明：在多证合一制度下，由于信息共享，原进行工商登记的信息会自动转入税务系统，只需核对基础信息，并进行补充税务信息即可。

表 2-2　纳税人税种登记表

纳税人识别号 | | | | | | | | | | | | | | | | | | |

纳税人名称：　　　　　　　　　　　　　　　　　　　　法定代表人：

一、增值税：			
类别	货物或加工、修理修配	主营	
		兼营	

<table>
<tr><td rowspan="1">类别</td><td>销售服务、无形资产、不动产</td><td colspan="2">本栏目为单选。根据实际经营项目，在下列选项中勾选一项主营项目。

一、销售服务
交通运输服务
● 陆路运输：公路运输□ 缆车运输□ 索道运输□ 地铁运输□ 城市轻轨运输□ 铁路运输□ 其他陆路运输服务□
● 水路运输：程租□ 期租□
● 航空运输：航空运输服务□ 航空运输湿租业务□ 航天运输服务□
● 管道运输□
邮政服务
邮政普遍服务□ 邮政特殊服务□ 其他邮政服务□
电信服务
基础电信服务□ 增值电信服务□
建筑服务
工程服务□ 安装服务□ 修缮服务□ 装饰服务□ 其他建筑服务□
金融服务
贷款服务□ 直接收费金融服务□ 保险服务□ 金融商品转让□
现代服务
● 研发和技术服务：研发服务□ 合同能源管理服务□ 工程勘察勘探服务□ 专业技术服务□
● 信息技术服务：软件服务□ 电路设计及测试服务□ 信息系统服务□ 业务流程管理服务□ 信息系统增值服务□
● 文化创意服务：设计服务□ 知识产权服务□ 广告服务□ 会议展览服务□
● 物流辅助服务：航空服务□ 港口码头服务□ 货运客运场站服务□ 打捞救助服务□ 仓储服务□ 装卸搬运服务□ 收派服务□
● 租赁服务：不动产融资租赁□ 不动产经营租赁□ 有形动产融资租赁□ 有形动产经营租赁□
● 鉴证咨询服务：认证服务□ 鉴证服务□ 咨询服务□
● 广播影视服务：制作服务□ 发行服务□ 播映服务□
● 商务辅助服务：企业管理服务□ 经纪代理服务□ 人力资源服务□ 安全保护服务□
● 其他现代服务□
生活服务
文化体育服务□ 教育医疗服务□ 旅游娱乐服务□ 餐饮住宿服务□ 居民日常服务□ 其他生活服务□
二、销售无形资产
专利及非专利技术□ 商标使用权□ 著作权□ 商誉□ 自然资源使用权□ 其他权益性无形资产□
三、销售不动产
建筑物□ 构筑物□</td></tr>
<tr><td>经营方式</td><td colspan="3">1. 境内经营货物□ 2. 境内加工修理□ 3. 境内交通运输□ 4. 境内应税服务□ 5. 自营出口□ 6. 间接出口□ 7. 收购出口□ 8. 加工出口□</td></tr>
<tr><td colspan="4">备注：</td></tr>
<tr><td colspan="4">二、消费税：</td></tr>
<tr><td>类别</td><td>1. 生产□
2. 委托加工□
3. 批发□
4. 零售□</td><td>应税消费品名称</td><td>1. 烟□ 2. 酒及酒精□ 3. 化妆品□ 4. 贵重首饰及珠宝玉石□
5. 鞭炮、烟火□ 6. 成品油□ 7. 汽车轮胎□ 8. 摩托车□
9. 小汽车□ 10. 高尔夫球及球具□ 11. 高档手表□
12. 游艇□ 13. 木制一次性筷子□ 14. 实木地板□ 15. 电池□
16. 铅酸蓄电池□ 17. 涂料□</td></tr>
<tr><td>经营方式</td><td colspan="3">1. 境内销售□ 2. 委托加工出口□ 3. 自营出口□ 4. 境内委托加工□</td></tr>
<tr><td colspan="4">备注：</td></tr>
</table>

三、企业所得税：	
居民企业	征收方式：□查账征收　□核定征收 预缴期限：□按月预缴　□按季预缴 预缴方式：□据实预缴　□按上年度四分之一或十二分之一 □按税务机关认可的其他方式 纳税方式：□汇总纳税　□非汇总纳税
非居民企业法定或申请纳税方式	1. 据实纳税□　2. 按收入总额核定应纳税所得额计算纳税□　3. 按经费支出换算收入计算纳税□　4. 航空、海运企业纳税方式□　5. 其他纳税方式□
备注：	
四、城市维护建设税：1. 市区□　2. 县城镇□　3. 其他□	
五、教育费附加：	
六、地方教育附加：	
七、其他：	

以上内容纳税人必须如实填写，如内容发生变化，应及时办理变更登记。

注：1. 本表系纳税人根据工商登记的生产经营范围及税法的有关规定，对纳税事项的自行核定。

2. 本表一式一份，纳税人填写后，与税务登记表一同交给主管税务机关，由税务机关留存。

2.2　纳税人身份登记

2.2.1　增值税一般纳税人资格登记

纳税人在完成税务登记和税种确定后，缴纳增值税的纳税义务人还必须进行纳税身份登记。增值税纳税人身份分为一般纳税人和小规模纳税人。年应税销售额或年应税服务销售额未超过增值税小规模纳税人标准以及新开业的增值税纳税人，可以向主管税务机关申请增值税一般纳税人资格登记。增值税纳税人年应税销售额超过规定标准的，除符合有关规定选择按小规模纳税人纳税的，在申报期结束后 20 个工作日内按照规定向主管税务机关办理一般纳税人登记手续；未按规定时限办理的，主管税务机关在规定期限结束后 10 个工作日内制作《税务事项通知书》，告知纳税人在 10 个工作日内向主管税务机关办理登记手续。

主要报送的资料有：

(1)《增值税一般纳税人资格登记表》；

(2) 营业执照。

1. 基本流程

增值税一般纳税人资格登记的基本流程如图 2-4 所示。

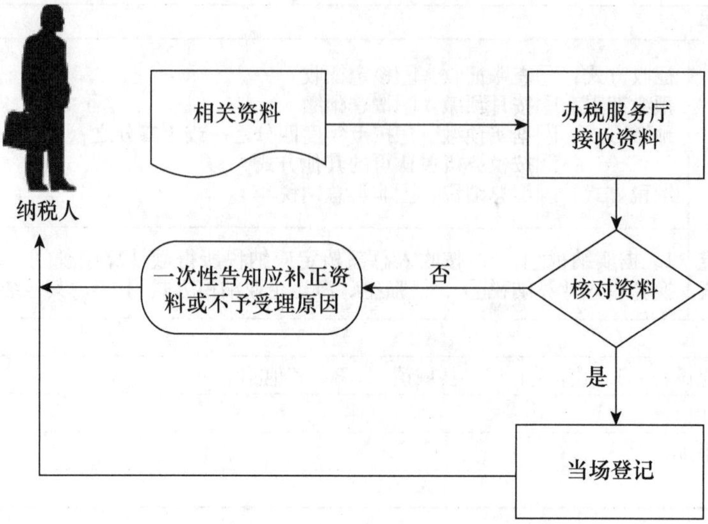

图 2-4　增值税一般纳税人资格登记的基本流程

2. 主要表格填写

仍以湖南省仁源酒业股份有限公司为例，填写《增值税一般纳税人资格登记表》（见表 2-3）。

表 2-3　增值税一般纳税人资格登记表

纳税人名称			社会信用代码（纳税人识别号）		
法定代表人（负责人、业主）		证件名称及号码		联系电话	
财务负责人		证件名称及号码		联系电话	
办税人员		证件名称及号码		联系电话	
税务登记日期					
生产经营地址					
注册地址					
纳税人类别：企业□　非企业性单位□　个体工商户□　其他□					
主营业务类别：工业□　商业□　服务业□　其他□					
会计核算健全：是□					
一般纳税人资格生效之日：当月1日 □　　　次月1日 □					
纳税人（代理人）承诺： 会计核算健全，能够提供准确税务资料，上述各项内容真实、可靠、完整。如有虚假，愿意承担相关法律责任。 经办人：　　法定代表人：　　代理人：　　（签章） 年　月　日					

<table>
<tr><td colspan="2">以下由税务机关填写</td></tr>
<tr><td>税务机关
受理情况</td><td>受理人：　　　　　　　　　　　　　　　　　　主管税务机关（章）
　　　　　　　　　　　　　　　　　　　　　　　　年　月　日</td></tr>
</table>

2.2.2　增值税小规模纳税人资格登记

纳税人年应税销售额超过规定标准且符合有关政策规定，选择按小规模纳税人纳税的，应当向主管税务机关提交书面说明，进行增值税小规模纳税人资格登记。在进行资格认定登记时需要提交《选择按小规模纳税人纳税的情况说明》（见表 2-4）（个体工商户以外的其他个人年应税销售额超过规定标准的，不需要向主管税务机关提交书面说明）。

表 2-4　选择按小规模纳税人纳税的情况说明

<table>
<tr><td colspan="2">纳税人名称</td><td></td><td>社会信用代码（纳税人识别号）</td><td></td></tr>
<tr><td colspan="3" rowspan="2">连续不超过 12 个月或四个季度的经营期内累计应税销售额</td><td colspan="2">货物劳务：　年　月至　年　月共　元。</td></tr>
<tr><td colspan="2">应税行为：　年　月至　年　月共　元。</td></tr>
<tr><td>情况
说明</td><td colspan="4"></td></tr>
<tr><td colspan="5">纳税人（代理人）承诺：
　上述各项内容真实、可靠、完整。如有虚假，愿意承担相关法律责任。

　　　经办人：　　　法定代表人：　　　代理人：　　　（签章）
　　　　　　　　　　　　　　　　　　　　　　　　年　月　日</td></tr>
<tr><td colspan="5">以下由税务机关填写</td></tr>
<tr><td>税务机关
受理情况</td><td colspan="4">受理人：　　　　　　　　　　　　　　　　　　主管税务机关（章）
　　　　　　　　　　　　　　　　　　　　　　　　年　月　日</td></tr>
</table>

增值税小规模纳税人资格登记的基本流程如图 2-5 所示。

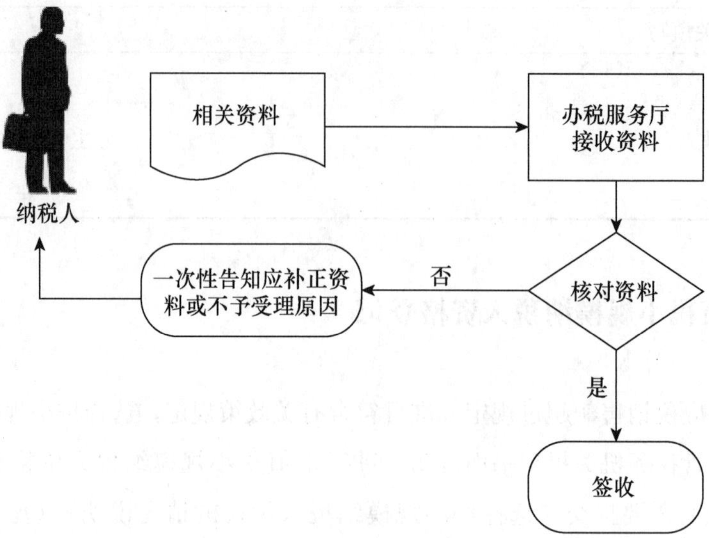

图 2-5　增值税小规模纳税人资格登记的基本流程

2.3　发票管理

完成纳税人身份登记的增值税纳税义务人需要办理发票领购、开具等业务。

2.3.1　增值税发票核定

税务机关依据增值税纳税人的申请，核定其使用增值税税控系统开具的发票种类（包括增值税专用发票、增值税普通发票及机动车销售统一发票）、单次（月）领用数量及增值税普通发票、机动车销售统一发票的最高开票限额。需提交的资料主要有：

（1）《纳税人领用发票票种核定表》（见表 2-5）2 份；

（2）工商营业执照；

（3）经办人身份证明原件及复印件（首次办理或经办人发生变化时提供）；

（4）发票专用章印模（首次申请发票票种核定时提供）。

1. 基本流程

增值税发票核定的基本流程如图 2-6 所示。

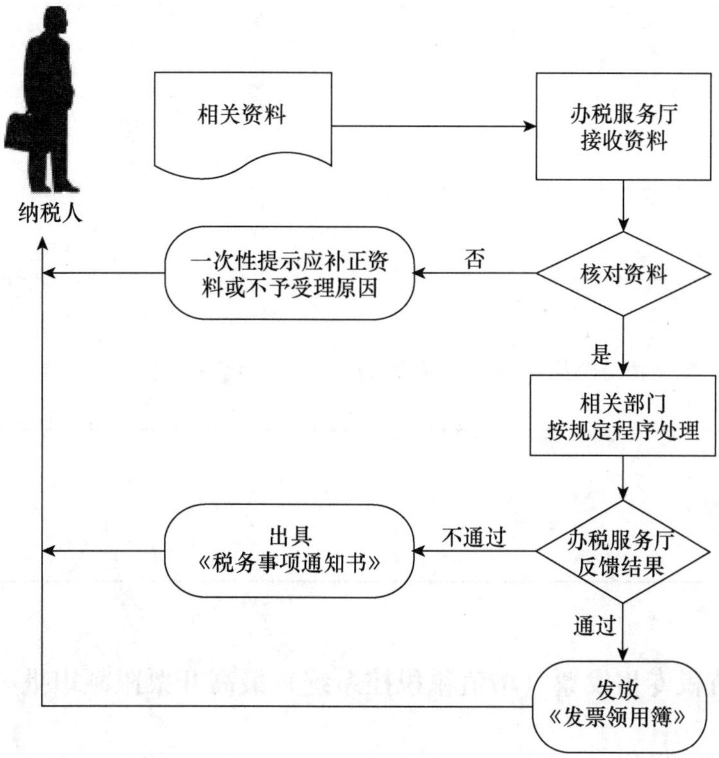

图 2-6　增值税发票核定的基本流程

2. 主要表格填写

仍以湖南省仁源酒业股份有限公司为例，核定每月增值税专用发票最高领用数、每次最高领票数量、持票最高数量均为 20 份，每月增值税普通发票最高领用数、每次最高领票数量、持票最高数量均为 20 份。填写表 2-5。

表 2-5　纳税人领用发票票种核定表

纳税人识别号			
纳税人名称			
领票人	联系电话	身份证件类型	身份证件号码

发票种类名称	发票票种核定操作类型	单位（数量）	每月最高领票数量	每次最高领票数量	持票最高数量	定额发票累计领票金额	领票方式

<table>
<tr><td></td><td></td><td></td><td></td><td></td><td></td><td></td><td></td></tr>
<tr><td></td><td></td><td></td><td></td><td></td><td></td><td></td><td></td></tr>
<tr><td></td><td></td><td></td><td></td><td></td><td></td><td></td><td></td></tr>
<tr><td colspan="8">纳税人（签章）
经办人：　　法定代表人（业主、负责人）：　　填表日期：　　年　月　日</td></tr>
<tr><td colspan="8">发票专用章印模：</td></tr>
</table>

2.3.2 增值税专用发票（增值税税控系统）最高开票限额审批

税务机关根据增值税一般纳税人的申请，审批其开具增值税专用发票最高限额。纳税义务人报送资料齐全、符合法定形式、填写内容完整的，受理后7个工作日内办结（最高开票限额不超过10万元的5个工作日内办结）。主要提交报送的资料有：

(1)《税务行政许可申请表》(见表2-6)；

(2)《增值税专用发票最高开票限额申请单》(见表2-7) 2份。

增值税专用发票最高开票限额审批的基本流程如图2-7所示。

表2-6 税务行政许可申请表

申请日期：　　年　月　日

<table>
<tr><td rowspan="8">申
请
人</td><td>申请人名称</td><td colspan="3"></td></tr>
<tr><td>统一社会信用代码
(纳税人识别号)</td><td colspan="3"></td></tr>
<tr><td>法定代表人
(负责人)</td><td colspan="3"></td></tr>
<tr><td>地址及邮政编码</td><td colspan="3"></td></tr>
<tr><td>经办人</td><td></td><td>身份证件号码</td><td></td></tr>
<tr><td>联系电话</td><td></td><td>联系地址</td><td></td></tr>
<tr><td>委托代理人</td><td></td><td>身份证件号码</td><td></td></tr>
<tr><td>联系电话</td><td></td><td>联系地址</td><td></td></tr>
</table>

申请事项	□企业印制发票审批 □对纳税人延期申报的核准 □对纳税人延期缴纳税款的核准 □增值税专用发票（增值税税控系统）最高开票限额审批 □对纳税人变更纳税定额的核准 □对采取实际利润额预缴以外的其他企业所得税预缴方式的核定 □非居民企业选择由其主要机构场所汇总缴纳企业所得税的审批
申请材料	除提供经办人身份证件（□）外，应根据申请事项提供以下相应材料： **一、企业印制发票审批** □1.《印刷经营许可证》或《其他印刷品印制许可证》 □2. 生产设备、生产流程及安全管理制度 □3. 生产工艺及产品检验制度 □4. 保存、运输及交付相关制度 **二、对纳税人延期缴纳税款的核准** □1.《延期缴纳税款申请审批表》 □2. 纳税人申请延期缴纳税款报告（详细说明申请延期原因，人员工资、社会保险费支出情况，连续3个月缴纳税款情况） □3. 当期货币资金余额情况及所有银行存款账户的对账单 □4. 应付职工工资和社会保险费等省税务机关要求提供的支出预算 □5.《资产负债表》 □6. 因不可抗力，导致纳税人发生较大损失，正常生产经营活动受到较大影响的，应报送因不可抗力的灾情报告或公安机关出具的事故证明 **三、对纳税人延期申报的核准** □1.《延期申报申请核准表》 □2. 确有困难不能正常申报的情况说明 **四、对纳税人变更纳税定额的核准** □申请变更纳税定额的相关证明材料 **五、增值税专用发票（增值税税控系统）最高开票限额审批** □增值税专用发票最高开票限额申请单 **六、对采取实际利润额预缴以外的其他企业所得税预缴方式的核定** □按照月度或者季度的实际利润额预缴确有困难的证明材料 **七、非居民企业选择由其主要机构场所汇总缴纳企业所得税的审批** □1. 汇总缴纳企业所得税的机构、场所对其他机构、场所负有管理责任的证明材料 □2. 设有完整的账簿、凭证，能够准确反映各机构、场所的收入、成本、费用和盈亏情况的证明材料 委托代理人提出申请的，还应当提供代理委托书（□）、代理人身份证件（□）。

收件人：　　　　　　　　　　　　　　收件日期：　　年　　月　　日

编　号：

湖南省仁源酒业股份有限公司核定增值税专用发票最高开票限额为100万元。

表2-7　增值税专用发票最高开票限额申请单

申请事项（由纳税人填写）	纳税人名称		纳税人识别号	
	地址		联系电话	
	购票人信息			

<table>
<tr><td rowspan="5">申请事项
（由纳税人填写）</td><td rowspan="2">申请增值税专用发票
（增值税税控系统）
最高开票限额</td><td>□初次　□变更　（请选择一个项目并在□内打“√”）</td></tr>
<tr><td>□一亿元　□一千万元　□一百万元
□十万元　□一万元　□一千元
（请选择一个项目并在□内打“√”）</td></tr>
<tr><td rowspan="2">申请货物运输业增值税专用发票（增值税税控系统）最高开票限额</td><td>□初次　□变更　（请选择一个项目并在□内打“√”）</td></tr>
<tr><td>□一亿元　□一千万元　□一百万元
□十万元　□一万元　□一千元
（请选择一个项目并在□内打“√”）</td></tr>
<tr><td colspan="2">申请理由：

经办人（签字）：　　　　纳税人（印章）：
年　月　日　　　　年　月　日</td></tr>
<tr><td rowspan="4">区县税务机关意见</td><td>发票种类</td><td>批准最高开票限额</td></tr>
<tr><td>增值税专用发票（增值税税控系统）</td><td></td></tr>
<tr><td>货物运输业增值税专用发票
（增值税税控系统）</td><td></td></tr>
<tr><td colspan="2">
经办人（签字）：　批准人（签字）：　税务机关（印章）：
年　月　日　　年　月　日　　年　月　日</td></tr>
</table>

注：本申请表一式两联：第一联由申请纳税人留存；第二联由区县税务机关留存。

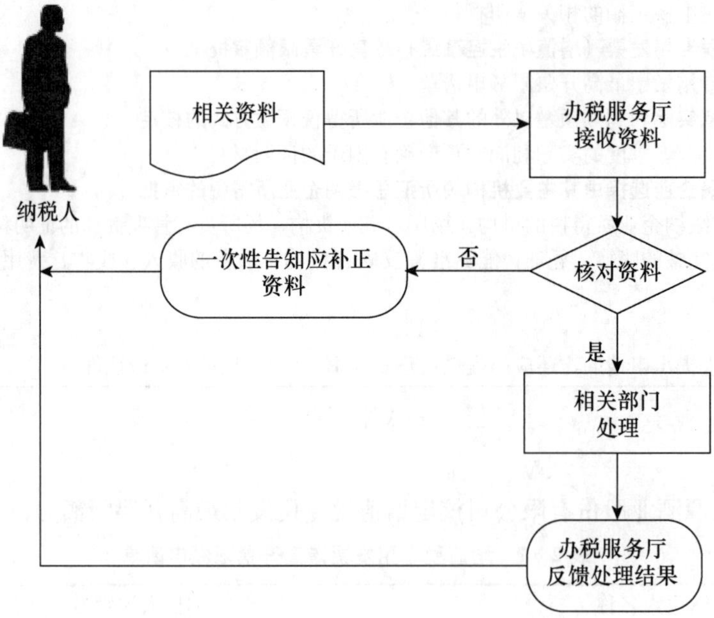

图2-7　增值税专用发票最高开票限额审批的基本流程

2.3.3　增值税发票系统税控装置初始发行

税务机关根据纳税人的申请，在增值税发票税控系统中将税务登记信息、资格认定信息、税种税目认定信息、票种核定信息、增值税发票系统升级版离线开票时限和离线开票总金额等信息载入金税盘（税控盘）。需报送的主要资料有：

（1）使用增值税专用发票的纳税人提供增值税税控系统最高开票限额《准予税务行政许可决定书》。

（2）《增值税税控系统安装使用告知书》。

增值税发票系统税控装置初始发行的基本流程如图 2－8 所示。

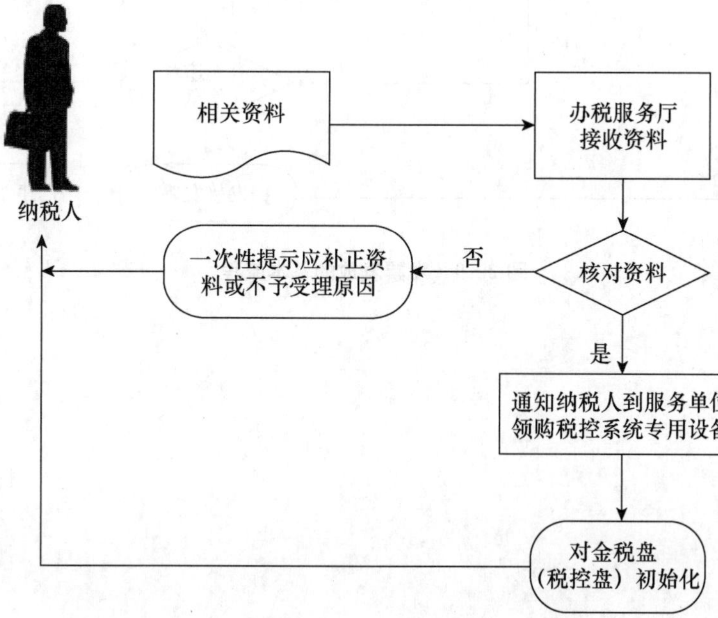

图 2－8　增值税发票系统税控装置初始发行的基本流程

2.3.4　发票发放

对已办理发票核定的纳税人，税务机关依据其申请，在核定范围内发放发票。

需报送的材料主要有：

（1）经办人身份证明（经办人变更的，提供复印件）。

（2）《发票领用簿》。

（3）领用增值税专用发票、机动车销售统一发票和增值税普通发票的，提供金税盘（税控盘）、报税盘或 IC 卡；领用税控收款机发票的，提供税控收款机用户卡。

发票发放的基本流程如图2-9所示。

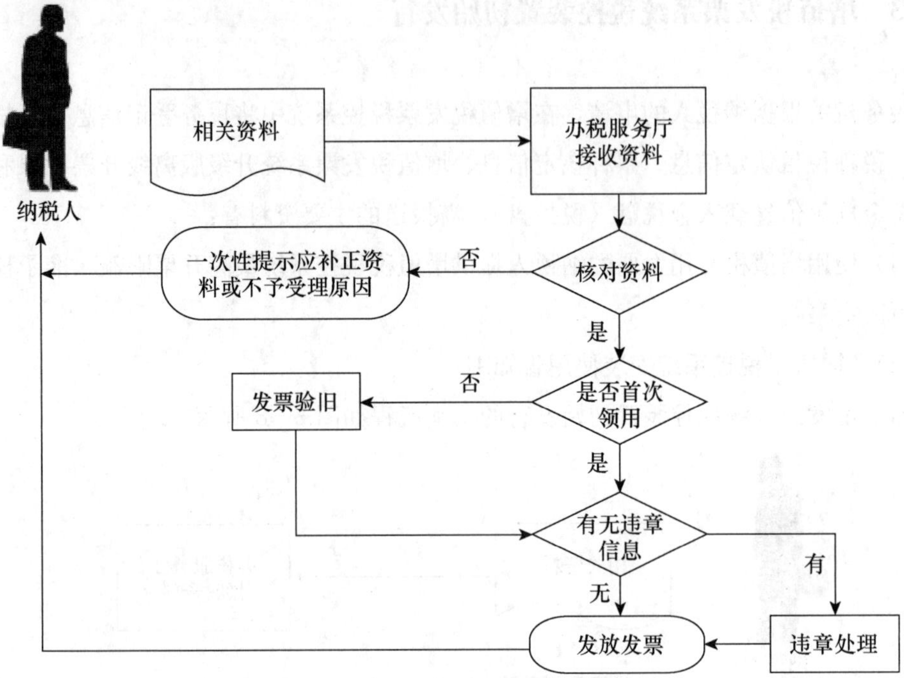

图2-9　发票发放的基本流程

第3章

流转税纳税申报模拟实训

3.1 增值税纳税申报模拟实训

企业税务会计人员在工作中需要完成增值税发票的开具及纳税申报表的填写与审核，一般纳税人企业的税务会计人员还需要完成增值税进项发票的认证工作。本部分实训全真模拟增值税纳税申报的全过程，让学生分别以一般纳税人企业和小规模纳税人企业的税务会计人员的身份，完成增值税纳税申报的全过程。通过实训了解增值税纳税申报表数据的勾稽关系，掌握对纳税申报表数据查错及修改的能力，从而对企业税务会计工作岗位有一个直观的理解和认识。

1. 主要实训内容

（1）完成增值税销售发票的填列；
（2）完成增值税采购发票的认证，确认当期增值税进项税额；
（3）填写增值税纳税申报表主表及附列资料；
（4）审核增值税纳税申报表主表及附列资料；
（5）完成增值税的申报。

2. 实训目标

（1）熟练掌握增值税销售发票的填制；
（2）熟悉并掌握进项税额抵扣的条件；

（3）熟悉并了解增值税纳税申报表中各数据的勾稽关系；

（4）熟练掌握增值税纳税申报表主表及附列资料的填制并完成增值税纳税申报工作；

（5）培养对增值税纳税申报表及附列资料的审核及查错、修改能力。

3.1.1 增值税基础知识

1. 增值税概念

增值税是以商品（含应税劳务）在流转过程中产生的增值额作为计税依据而征收的一种流转税。从计税原理上说，增值税是对商品生产、流通、劳务服务中多个环节的新增价值或商品的附加值征收的一种流转税。增值税实行价外税，也就是由消费者负担，有增值才征税，没增值不征税。

按照我国现行《增值税暂行条例》的规定，增值税是指对在中国境内销售、进口货物或者提供加工、修理修配劳务以及应税服务的单位和个人就其实现的增值额征收的一种税。近年来，为了更好地完善税制结构，增值税进行了一些重要的改革，最突出的表现是增值税转型改革及营业税改征增值税的改革。经过这些改革，我国税收制度结构越来越合理，增值税由原来的生产型转为消费型，征收营业税的行业也已全部转变为征收增值税。增值税已经成为我国最主要的流转税。

2. 增值税纳税义务人

在中国境内销售、进口货物或者提供加工、修理修配劳务以及应税服务的单位和个人为增值税的纳税人。

为了便于增值税的征收管理并简化计税，按照生产经营规模的大小以及会计核算是否健全等标准，增值税纳税人可分为一般纳税人和小规模纳税人。

（1）小规模纳税人的认定标准。小规模纳税人是指年应纳增值税销售额在规定标准以下，并且会计核算不健全，不能按规定报送有关税务资料的增值税纳税义务人。具体认定标准如下：

1）年应征增值税销售额500万元以下（含本数，下同）的；

2）年应税销售额超过小规模纳税人标准的其他个人按小规模纳税人纳税；

3）非企业性单位、不经常发生应税行为的企业可选择按小规模纳税人纳税。

（2）一般纳税人的认定标准。一般纳税人是指年应征增值税销售额超过财政部规定的小规模纳税人标准的企业和企业性单位。

小规模纳税人会计核算健全（能够按照国家统一的会计制度规定设置账簿，根据合法、有效会计凭证进行会计处理)、能够提供准确税务资料的，可以向主管税务机关申请资格认定，不作为小规模纳税人。

除国家税务总局另有规定外，纳税人一经认定为一般纳税人，不得再转为小规模纳税人。

(3) 一般纳税人和小规模纳税人的主要区别。

1) 增值税专用发票的使用不同。一般纳税人使用增值税专用发票，并凭购进货物或应税劳务和服务取得的增值税专用发票抵扣进项税额。

一般情况下，小规模纳税人销售货物或提供应税劳务和服务时，不能使用增值税专用发票，只能使用增值税普通发票；购进货物或应税劳务时也不得抵扣进项税款，如果确需开具增值税专用发票，可以申请由主管税务机关代开。

但营改增后，为了保障工作的顺利实施，国家税务总局相继在住宿业、鉴证咨询业、建筑业等行业实施增值税小规模纳税人自行开具增值税专用发票试点，试点的范围逐步扩大，到目前为止，试点的行业已经扩大到工业，信息传输、软件和信息技术服务业，租赁和商务服务业，科学研究和技术服务业，居民服务，修理和其他服务业。

上述8个行业小规模纳税人发生增值税应税行为，需要开具增值税专用发票的，可以自愿使用增值税发票管理系统自行开具。

2) 计税方法不同。除特殊业务外，一般纳税人采用税款抵扣法计算应该缴纳的增值税，即

应纳税额＝当期销项税额－当期进项税额

小规模纳税人在计算应纳税额时采用简易计税方法，即

应纳税额＝应税销售额×征收率

3) 纳税申报表的格式不同。由于一般纳税人采用税款抵扣法进行申报，抵扣的进项税额在很大程度上影响应该缴纳的增值税税额。税务机关要求对进项税额的来源以及销项税额的各项都加以详细列明。因此，一般纳税人的增值税纳税申报表主要由1张主表、3张附表以及1张固定资产进项税额抵扣情况表组成。而小规模纳税人由于采用简易计税方法，税款的计算相对简单，纳税申报表也设计得相对简单。

3.1.2　一般纳税人增值税纳税申报模拟实训

本部分实训以湖南省仁源酒业股份有限公司为例，展示一般纳税人增值税纳税申报全过程，业务发生的时间为20××年3月。

1. 基本信息

在电子纳税申报实训模式下，申报模拟系统需要设置一些基本信息。

（1）模拟实训企业名称、纳税人识别号、开户银行等基础信息，为避免重复，请参照第2章2.1.3实训部分的公司基本资料。

（2）期初信息设置如表3-1所示。

表3-1　期初信息

单位：元

项目		栏次	一般项目	即征即退项目
			本年累计	本年累计
销售额	（1）按适用税率征税货物及劳务销售额	1	3 092 260.00	—
	其中：应税货物销售额	2	3 092 260.00	—
	应税劳务销售额	3	—	—
	纳税检查调整的销售额	4	—	—
	（2）按简易征收办法征税货物销售额	5	—	—
	其中：纳税检查调整的销售额	6	—	—
	（3）免、抵、退办法出口货物销售额	7	—	—
	（4）免税货物及劳务销售额	8	—	—
	其中：免税货物销售额	9	—	—
	免税劳务销售额	10	—	—
	销项税额	11	525 684.20	—
	进项税额	12	414 069.00	—
	上期留抵税额	13	—	—
税款计算	进项税额转出	14	1 109.50	—
	免、抵、退货物应退税额	15	—	—
	按适用税率计算的纳税检查应补缴税额	16	—	—
	应抵扣税额合计	17=12+13-14-15+16	—	—
	实际抵扣税额	18	412 959.50	—
	应纳税额	19=11-18	112 724.70	—
	期末留抵税额	20=17-18	—	—

	按简易征收办法计算的应纳税额	21	—	—
	按简易征收办法计算的纳税检查应补缴税额	22	—	—
	应纳税额减征额	23	—	—
	应纳税额合计	24＝19＋21－23	112 724.70	—
税款缴纳	期初未缴数（多缴为负数）	25	—	—
	实收出口开具专用缴款书退税额	26	—	—
	本期已缴税额	27＝28＋29＋30＋31	94 874.30	—
	（1）分次预缴税额	28	—	—
	（2）出口开具专用缴款书预缴税额	29	—	—
	（3）本期缴纳上期应纳税额	30	94 874.30	—
	（4）本期缴纳欠缴税额	31	—	—
	期末未缴数（多缴为负数）	32＝24＋25＋26－27	17 850.40	—
	其中：欠缴税额（≥0）	33＝25＋26－27	—	—
	本期应补（退）税额	34＝24－28－29	—	—
	即征即退实际退税额	35	—	—
	期初未缴查补税额	36	—	—
	本期入库查补税额	37	—	—
	期末未缴查补税额	38＝16＋22＋36－37	—	—

（3）供应商/客户资料管理。

1）供应商资料：

供应商1：湖南省宁乡县云腾贸易公司；纳税人识别号：914301241837742081；地址、电话：湖南省宁乡县文艺路130号，0731－87313107；开户行及账号：长沙市宁乡县农行文艺路支行，6256109651635。

供应商2：湖南省邵阳市大成农产品贸易公司；纳税人识别号：914305011837097451；地址、电话：湖南省邵阳市南门街路217号，0739－7315380；开户行及账号：邵阳市农行南门街路支行，6341208531093。

供应商3：湖南省长沙市雨花区自来水公司；纳税人识别号：914301111837521021；地址、电话：湖南省长沙市雨花区开福路421号，0731-87385421；开户行及账号：长沙市农行雨花区开福路支行，6210808535310。

供应商4：湖南省长沙市雨花区供电公司；纳税人识别号：914301111837602591；地址、电话：湖南省长沙市雨花区桂元路312号，0731-87387320；开户行及账号：长沙市农行雨花区桂元路南门街路支行，6341208531093。

供应商5：湖南省长沙市新飞贸易公司；纳税人识别号：914301111837086781；地址、电话：长沙市江边路432号，0731-87267651；开户行及账号：长沙市建行江边西路支行，6283145664352163。

供应商6：湖南省常德市光明玻璃厂；纳税人识别号：914307011837135201；地址、电话：常德市建设西路83号，0736-7736540；开户行及账号：常德市工行建设西路支行，6321188074328。

供应商7：张喜源；公司类型：个人；地址：湖南省浏阳市太平桥镇杏花村；税号或身份证号：430181197102180823；电话号码：13675210876。

供应商8：陈天祥；公司类型：个人；地址：湖南省浏阳市太平桥镇杏花村；税号或身份证号：430181196810210821；电话号码：13467550423。

供应商9：李天赐；公司类型：个人；地址：湖南省浏阳市黄花镇红岗村；税号或身份证号：430181197010060825；电话号码：13476521304。

2）客户资料（公司类型均为企业纳税人）：

客户1：湖南省长沙市王利烟酒总公司；纳税人识别号：914301111834537611；开户行及账号：长沙市建行马坡岭支行，6283145623424153；地址、电话：长沙市芙蓉区人民西路314号，0731-84617862。

客户2：湖南省长沙市中益贸易公司；纳税人识别号：914301111837156721；开户行及账号：长沙市建行八一路支行，6283145664678922；地址、电话：长沙市八一路254号，0731-87463321。

客户3：湖南省长沙市新飞贸易公司；纳税人识别号：914301111837086781；开户行及账号：长沙市建行江边西路支行，6283145664352163；地址、电话：长沙市江边路432号，0731-87267651。

客户4：湖南省郴州市昌泰贸易公司；纳税人识别号：914310011837213081；开户行及账号：郴州市建行文艺路支行，6301250184353012；地址、电话：郴州市文艺路410号，0735-6201638。

客户5：湖南省第十届农业博览会组委会；纳税人识别号：914301111837342131；

开户行及账号：长沙市建行人民里支行，6283345523451426；地址、电话：长沙市雨花区万家丽西路144号，0731-84856724。

客户6：湖南省长沙市明成酒业有限公司；纳税人识别号：914301111837632151；开户行及账号：长沙市工行芙蓉区友谊路支行，6340307470852829；地址、电话：长沙市芙蓉区友谊路310号，0731-84531070。

客户7：湖南省长沙市农旺超市；纳税人识别号：914301111837742181；开户行及账号：长沙市建行水木塘路支行，6283904167452083；地址 、电话：长沙市岳麓区水木塘路329号，0731-85465182。

(4) 货物信息管理。(说明：在增值税开票系统管理中，货物的税收分类编码是国家税务总局统一规定的，纳税人单位必须将开票系统升级到最新版本。正常情况下，开票软件会自动同步更新税务端税收分类编码，企业在开票时，可以从中进行选择。但需要注意的是，企业的税收分类编码要录到最明细的一级，不能录错。尤其是商贸企业，购入的与销售的如果是同一商品，必须与购入商品的名称及税收分类编码完全一致，不能有任何出入，否则会带来一定的税务风险。)

货物1：仁源白酒(30度)；货物编码：SP0001；税收分类编码：1030302；规格型号：12瓶×500克；计量单位：箱；是否含税：否；税率：13%；不含税单价：400.00元。

货物2：仁源白酒(40度)；货物编码：SP0002；税收分类编码：1030302；规格型号：12瓶×500克；计量单位：箱；是否含税：否；税率：13%；不含税单价：430.00元。

货物3：仁源白酒(50度)；货物编码：SP0003；税收分类编码：1030302；规格型号：12瓶×500克；计量单位：箱；是否含税：否；税率：13%；不含税单价：500.00元。

货物4：仁源纯生啤酒；货物编码：SP0004；税收分类编码：103030302；规格型号：24瓶×735毫升；计量单位：箱；是否含税：否；税率：13%；不含税单价：60.00元。

货物5：仁源普通啤酒；货物编码：SP0005；税收分类编码：103030301；规格型号：24瓶×735毫升；计量单位：箱；是否含税：否；税率：13%；不含税单价：40.00元。

货物6：仁源扎啤；货物编码：SP0006；税收分类编码：103030302；规格型号：扎啤；计量单位：吨；是否含税：否；税率：13%；不含税单价：4 000.00元。

货物7：仁源料酒；货物编码：SP0007；税收分类编码：1030306；规格型号：12

瓶×500克；计量单位：箱；是否含税：否；税率：13%；不含税单价：100.00元。税务部门认定为食用调味料酒。

货物8：仁源保健酒；货物编码：SP0008；税收分类编码：1030306；规格型号：12瓶×500克；计量单位：箱；是否含税：否；税率：13%；不含税单价：300.00元。

货物9：仁源米酒；货物编码：SP0009；税收分类编码：1030306；规格型号：24瓶×500克；计量单位：箱；是否含税：否；税率：13%；不含税单价：200.00元。

货物10：仁源大礼包；货物编码：SP0010；税收分类编码：1030302；规格型号：大礼包；计量单位：套；是否含税：否；税率：13%；不含税单价：400.00元。大礼包内装商品有：仁源白酒（30度）4瓶、仁源白酒（40度）4瓶、仁源白酒（50度）4瓶。

货物11：旧制酒蒸馏专用设备；货物编码：SB0012；税收分类编码：10901290；规格型号：304不锈钢；计量单位：台；是否含税：是；税率：3%；含税单价：60 000.00元。

（5）消费税类别设置。

消费税类别：酒类。

2. 有关业务资料

该公司采购与销售业务见以下说明。当月生产仁源白酒（30度）600箱、仁源白酒（40度）1 100箱、仁源白酒（50度）800箱、仁源普通啤酒1 000箱、仁源扎啤35吨、仁源纯生啤酒1 200箱、仁源保健酒380箱、仁源米酒1 500箱、仁源料酒300箱。当月10日缴纳上月所欠增值税17 850.40元。

（1）采购业务。①

1）15日，向湖南省邵阳市大成农产品贸易公司分别购进小麦110吨、高粱100吨、稻谷53吨，不含税单价分别为2 100.00元/吨、1 900.00元/吨、2 200.00元/吨；税率为9%；货已收到，验收入库；取得增值税专用发票（见图3-1），发票（凭证）类别码为：4300206421，发票（凭证）号码为：01005621。

2）16日，向湖南省常德市光明玻璃厂购进玻璃酒瓶100 000支，不含税单价为0.40元/支；税率为13%；支付货款，取得增值税普通发票（见图3-2），发票（凭证）类别码为：4300161130，发票（凭证）号码为：01003412。

① 即征即退类型为“一般”；抵扣、认证月份为当月。

4300206421　　湖南增值税专用发票　　No 01005621

抵扣联

开票日期：20XX 年 03 月 15 日

购货单位	名　　称：湖南省仁源酒业股份有限公司 纳税人识别号：914301111837652711 地址、电话：长沙市雨花区车站西路 213 号 0731-82736421 开户行及账号：长沙市工行袁家岭支行 5309188034765			密码区	4+89347/05-0/314-1*-+ 213-872*1+/646--64*7- 702*267192*2534651/6+ 8213503781 991425376*17-9+33629* 74563213		
货物及应税劳务名称	规格型号	单位	数量	单价	金额	税率	税额
小麦	50KG/包	吨	110	2100.00000	231000.00	9%	20790.00
高粱	50KG/包	吨	100	1900.00000	190000.00	9%	17100.00
稻谷	50KG/包	吨	53	2200.00000	116600.00	9%	10494.00
合计					￥537600.00		￥48384.00
价税合计	伍拾捌万伍仟玖佰捌拾肆圆整				（小写）￥585984.00		
销货单位	名　　称：湖南省邵阳市大成农产品贸易公司 纳税人识别号：914305011837097451 地址、电话：湖南省邵阳市南门街路 217 号 0739-7315380 开户行及账号：邵阳市农行南门街路支行 6341208531093			备注	湖南省邵阳市大成农产品贸易公司 914305011837097451 发票专用章		

收款人：　　复核：　　开票人：　　销货单位：（章）

国税函号湖南云翔实业公司

第二联：抵扣联购货方扣税凭证

图 3－1　增值税专用发票

4300161130　　湖南增值税普通发票　　No 01003412

开票日期：20XX 年 03 月 16 日

购货单位	名　　称：湖南省仁源酒业股份有限公司 纳税人识别号：914301111837652711 地址、电话：长沙市雨花区车站西路 213 号 0731-82736421 开户行及账号：长沙市工行袁家岭支行 5309188034765			密码区	4+89347/05-0/314-1*-+ 213-872*1+/646--64*7- 702*267192*2534651/6+ 8213503781 991425376*17-9+33629* 74563213		
货物及应税劳务名称	规格型号	单位	数量	单价	金额	税率	税额
玻璃瓶		支	100000	0.40000	40000.00	13%	5200.00
合计					￥40000.00		￥5200.00
价税合计	肆万伍仟贰佰圆整				（小写）￥45200.00		
销货单位	名　　称：湖南省常德市光明玻璃厂 纳税人识别号：914307011837135201 地址、电话：常德市建设西路 83 号 0736-7736540 开户行及账号：常德市工行建设西路支行 6321188074328			备注	湖南省常德市光明玻璃厂 914307011837135201 发票专用章		

收款人：　　复核：　　开票人：　　销货单位：（章）

国税函号湖南云翔实业公司

第二联：抵扣联购货方扣税凭证

图 3－2　增值税普通发票

3）24 日，同湖南省长沙市雨花区自来水公司结算自来水费，数量为 100 000 吨，不含税单价为 1.50 元/吨；共支付水费 150 000.00 元（不含税），税率为 9%；取得增值税专用发票（见图 3-3），发票（凭证）类别码为：4301113765，发票（凭证）号码为：01002518。

4301113765　　湖南增值税专用发票　　No 01002518

抵扣联　　开票日期：20XX 年 03 月 24 日

购货单位	名　　称：湖南省仁源酒业股份有限公司 纳税人识别号：914301111837652711 地址、电话：长沙市雨花区车站西路 213 号 0731-82736421 开户行及账号：长沙市工行袁家岭支行 5309188034765	密码区	4+89347/05-0/314-1*-+ 213-872*1+/646--64*7- 702*267192*2534651/6+　8213503781 991425376*17-9+33629*　74563213

货物及应税劳务名称	规格型号	单位	数量	单价	金额	税率	税额
自来水		吨	100000	1.50000	150000.00	9%	13500.00
合计					￥150000.00		￥13500.00
价税合计	壹拾陆万叁仟伍佰圆整				（小写）￥163500.00		

销货单位	名　　称：湖南省长沙市雨花区自来水公司 纳税人识别号：914301111837521021 地址、电话：湖南省长沙市雨花区开福路 421 号 0731-87385421 开户行及账号：长沙市农行雨花区开福路支行 6210808535310	备注	湖南省长沙市雨花区自来水公司 914301111837521021 发票专用章

收款人：　　复核：　　开票人：　　销货单位：（章）

国税函 号湖南云翔实业公司

第二联：抵扣联购货方扣税凭证

图 3-3　增值税专用发票

4）24 日，同湖南省长沙市雨花区供电公司结算电费，数量为 80 000 度，不含税单价为 1.60 元/度；共支付电费 128 000.00 元（不含税），税率为 13%；取得增值税专用发票（见图 3-4），发票（凭证）类别码为：4301113431，发票（凭证）号码为：01001328。

5）25 日，向湖南省宁乡县云腾贸易公司购进啤酒花 30 吨，不含税单价为 5 600 元/吨；购进玻璃酒瓶 200 000 支，不含税单价为 0.40 元/支；购进包装纸箱 L-1101、M-1102、X-1103 分别为 40 000 个、30 000 个、20 000 个，不含税单价分别为 1.25 元/个、1.45 元/个、1.65 元/个；购进酿酒机一台，不含税单价为 80 000.00 元。啤酒花税率为 9%，其他税率均为 13%。取得增值税专用发票（见图 3-5），发票（凭证）类别码为：4301202104，发票（凭证）号码为：01003219。

4301113431　　湖南增值税专用发票　　No 01001328

抵扣联　　开票日期:20XX 年 03 月 24 日

国税函号湖南云翔实业公司

购货单位	名　　称: 湖南省仁源酒业股份有限公司 纳税人识别号: 914301111837652711 地址 、 电话: 长沙市雨花区车站西路 213 号 0731-82736421 开户行及账号: 长沙市工行袁家岭支行 5309188034765	密码区	4+89347/05-0/314-1*-+ 213-872*1+/646--64*7- 702*267192*2534651/6+　8213503781 991425376*17-9+33629*　74563213

货物及应税劳务名称	规格型号	单位	数量	单价	金额	税率	税额
电		度	80000	1.60000	128000.00	13%	16640.00
合计					￥128000.00		￥16640.00
价税合计	壹拾肆万肆仟陆佰肆拾圆整				（小写）￥144640.00		

销货单位	名　　称: 湖南省长沙市雨花区供电公司 纳税人识别号: 914301111837602591 地址 、 电话: 湖南省长沙市雨花区桂元路 312 号 0731-87387320 开户行及账号: 长沙市农行雨花区桂元路南门街路支行 6341208531093	备注	湖南省长沙市雨花区供电公司 914301111837602591 发票专用章

收款人:　　复核:　　开票人:　　销货单位:（章）

第二联：抵扣联购货方扣税凭证

图 3-4　增值税专用发票

4301202104　　湖南增值税专用发票　　No 01003219

抵扣联　　开票日期:20XX 年 03 月 25 日

国税函号湖南云翔实业公司

购货单位	名　　称: 湖南省仁源酒业股份有限公司 纳税人识别号: 914301111837652711 地址 、 电话: 长沙市雨花区车站西路 213 号 0731-82736421 开户行及账号: 长沙市工行袁家岭支行 5309188034765	密码区	4+89347/05-0/314-1*-+ 213-872*1+/646--64*7- 702*267192*2534651/6+　8213503781 991425376*17-9+33629*　74563213

货物及应税劳务名称	规格型号	单位	数量	单价	金额	税率	税额
啤酒花		吨	30	5600.00000	168000.00	9%	15120.00
玻璃瓶		支	200000	0.40000	80000.00	13%	10400.00
包装纸箱L-1101	L-1101	个	40000	1.25000	50000.00	13%	6500.00
包装纸箱M-1102	M-1102	个	30000	1.45000	43500.00	13%	5655.00
包装纸箱X-1103	X-1103	个	20000	1.65000	33000.00	13%	4290.00
酿酒机		台	1	80000.00000	80000.00	13%	10400.00
合计					￥454500.00		￥52365.00
价税合计	伍拾万陆仟捌佰陆拾伍圆整				（小写）￥506865.00		

销货单位	名　　称: 湖南省宁乡县云腾贸易公司 纳税人识别号: 914301241837742081 地址 、 电话: 湖南省宁乡县文艺路 130 号 0731-87313107 开户行及账号: 长沙市宁乡县农行文艺路支行 6256109651635	备注	湖南省宁乡县云腾贸易公司 914301241837742081 发票专用章

收款人:　　复核:　　开票人:　　销货单位:（章）

第二联：抵扣联购货方扣税凭证

图 3-5　增值税专用发票

6）26日，采用以物易物方式，用价值43 000.00元（不含税）的仁源白酒（40度）交换湖南省长沙市新飞贸易公司的价值52 500.00元（不含税）的小麦25吨，并补齐差价；税率为9%；取得增值税专用发票（见图3-6），发票（凭证）类别码为：4301201398，发票（凭证）号码为：01002130。

4301201398　　湖南增值税专用发票　　No 01002130

抵扣联　　开票日期:20XX年03月26日

购货单位	名　　称: 湖南省仁源酒业股份有限公司 纳税人识别号: 914301111837652711 地址 、 电话: 长沙市雨花区车站西路213号 0731-82736421 开户行及账号: 长沙市工行袁家岭支行 5309188034765	密码区	4+89347/05-0/314-1*-+ 213-872*1+/646--64*7- 702*267192*2534651/6+　8213503781 991425376*17-9+33629*　74563213

货物及应税劳务名称	规格型号	单位	数量	单价	金额	税率	税额
小麦		吨	25	2100:00000	52500.00	9%	4725.00
合计					￥52500.00		￥4725.00
价税合计	伍万柒仟贰佰贰拾伍圆整				（小写）￥57225.00		

销货单位	名　　称: 湖南省长沙市新飞贸易公司 纳税人识别号: 914301111837086781 地址 、 电话: 长沙市江边路432号 0731-87267651 开户行及账号: 长沙市建行江边西路支行 6283145664352163	备注	湖南省长沙市新飞贸易公司 914301111837086781 发票专用章

收款人:　　复核:　　开票人:　　销货单位:（章）

国税函　号湖南云翔实业公司

第二联：抵扣联购货方扣税凭证

图3-6　增值税专用发票

7）18日，向农民张喜源直接收购稻谷28吨，收购价款为61 600.00元。开具农产品收购统一发票（见图3-7），发票（凭证）代码为：144023964076，发票（凭证）号码为：14767000。

8）18日，向农民陈天祥直接收购稻谷20吨，收购价款为44 000.00元。开具农产品收购统一发票（见图3-8），发票（凭证）代码为：144023964076，发票（凭证）号码为：14767001。

9）23日，向农民李天赐直接收购小麦15吨，收购价款为31 500.00元；高粱24吨，收购价款为45 600.00。开具农产品收购统一发票（见图3-9），发票（凭证）代码为：144023964076，发票（凭证）号码为：14767002。

湖南省农产品收购统一发票

发票代码：144023964076
发票号码：14767000

20XX年03月18日

出售人姓名	张喜源	身份证号	4	3	0	1	8	1	1	9	7	1	0	2	1	8	0	8	2	3
电话	13675210876	地址	湖南省浏阳市太平桥镇杏花村																	

品名	等级	单位	数量	单价	金额 万	千	百	十	元	角	分
稻谷	一级	吨	28	2200	6	1	6	0	0	0	0
					6	1	6	0	0	0	0

金额（大写）	陆万壹仟陆佰圆整　¥61600.00				
计算抵扣进项税额	计税金额	61600.00	扣除率	9 %	税额 5544.00
备注					

开票单位（未盖章无效）　付款人：　开票人：

湘国税征票印字XXXXXX　④开票方记账原始凭证

（印章：湖南省仁源酒业股份有限公司 91430111183765271I 发票专用章）

图 3－7　农产品收购统一发票

湖南省农产品收购统一发票

发票代码：144023964076
发票号码：14767001

20XX年03月18日

出售人姓名	陈天祥	身份证号	4	3	0	1	8	1	1	9	6	8	1	0	2	1	0	8	2	1
电话	13467550423	地址	湖南省浏阳市太平桥镇杏花村																	

品名	等级	单位	数量	单价	金额 万	千	百	十	元	角	分
稻谷	一级	吨	20	2200	4	4	0	0	0	0	0
					4	4	0	0	0	0	0

金额（大写）	肆万肆仟圆整　¥44000.00				
计算抵扣进项税额	计税金额	44000.00	扣除率	9 %	税额 3960.00
备注					

开票单位（未盖章无效）　付款人：　开票人：

湘国税征票印字XXXXXX　④开票方记账原始凭证

（印章：湖南省仁源酒业股份有限公司 91430111183765271I 发票专用章）

图 3－8　农产品收购统一发票

湖南省农产品收购统一发票

全国统一发票监制章

发票代码：144023964076

20XX年03月23日　　　　发票号码：14767002

湘国税征票印字XXXXXX

出售人姓名	李天赐	身份证号	4	3	0	1	8	1	1	9	7	0	1	0	0	6	0	8	2	5
电话	13476521304	地址	湖南省浏阳市黄花镇红岗村																	

品名	等级	单位	数量	单价	金额 万	千	百	十	元	角	分
小麦	一级	吨	15	2100	3	1	5	0	0	0	0
高粱	一级	吨	24	1900	4	5	6	0	0	0	0
					7	7	1	0	0	0	0

金额（大写）	柒万柒仟壹佰圆整　¥77100.00					
计算抵扣进项税额	计税金额	77100	扣除率	9%	税额	6939.00
备注						

④开票方记账原始凭证

开票单位（未盖章无效）　　付款人：　　开票人：

湖南省仁源酒业股份有限公司 914301111837652711 发票专用章

图 3－9　农产品收购统一发票

（2）货物运输业务。[①]

1）25 日，向湖南省长沙市运鑫货运公司支付当月运费 55 000.00 元（不含税），取得增值税专用发票一张（见图 3－10），发票（凭证）类别码为：4300201340，发票（凭证）号码：01017620。

2）25 日，向湖南省长沙市中辉货运公司支付当月运费 61 000.00 元（不含税），取得增值税专用发票一张（见图 3－11），发票（凭证）类别码为：4300231206，发票（凭证）号码为：01021074。

（3）销售业务。

1）4 日，销售给湖南省长沙市王利烟酒总公司仁源白酒（30 度）300 箱，不含税单价为 400.00 元/箱；仁源白酒（40 度）80 箱，不含税单价为 430.00 元/箱；仁源白酒（50 度）50 箱，不含税单价为 500.00 元/箱；仁源保健酒 130 箱，不含税单价为 300.00 元/箱；仁源料酒 80 箱，不含税单价为 100.00 元/箱；仁源米酒 795 箱，不含税单价为 200.00 元/箱；仁源普通啤酒 590 箱，不含税单价为 40.00 元/箱；仁源扎啤 15 吨，不含税单价为 4 000 .00 元/吨。开具增值税专用发票一张，发票（凭证）代码为：4300161130，发票（凭证）号码为：01003400。

① 即征即退类型为“一般”；抵扣、认证月份为当月。

4300201340　　湖南增值税专用发票　　No 01017620

抵扣联　　开票日期:20XX 年 03 月 25 日

购货单位	名　　称: 湖南省仁源酒业股份有限公司 纳税人识别号: 914301111837652711 地址、电话: 长沙市雨花区车站西路 213 号 0731-82736421 开户行及账号: 长沙市工行袁家岭支行 5309188034765			密码区	4+89347/05-0/314-1*-+ 213-872*1+/646--64*7- 702*267192*2534651/6+　8213503781 991425376*17-9+33629*　74563213		
货物及应税劳务名称	规格型号	单位	数量	单价	金额	税率	税额
货物运输服务		次	1	55000.00000	55000.00	9%	4950.00
合计					¥55000.00		¥4950.00
价税合计	伍万玖仟玖佰伍拾圆整				（小写）¥59950.00		
销货单位	名　　称: 湖南省长沙市运鑫货运公司 纳税人识别号: 914301111852753101 地址、电话: 湖南省长沙市马王堆路 98 号 0731-87364001 开户行及账号: 长沙市农行马王堆路支行 6210509623108			备注	起运地: 长沙市雨花区车站西路 213 号 到达地: 长沙市芙蓉区人民西路 314 号 货物: 仁源白酒、保健酒 货车, 湘 A0321K		

收款人:　　复核:　　开票人:　　销货单位（章）

湖南省长沙市运鑫货运公司 914301111852753101 发票专用章

国税函　号　湖南云翔实业公司

第二联：抵扣联购货方扣税凭证

图 3-10　增值税专用发票

4300231206　　湖南增值税专用发票　　No 01021074

抵扣联　　开票日期:20XX 年 03 月 25 日

购货单位	名　　称: 湖南省仁源酒业股份有限公司 纳税人识别号: 914301111837652711 地址、电话: 长沙市雨花区车站西路 213 号 0731-82736421 开户行及账号: 长沙市工行袁家岭支行 5309188034765			密码区	4+89347/05-0/314-1*-+ 213-872*1+/646--64*7- 702*267192*2534651/6+　8213503781 991425376*17-9+33629*　74563213		
货物及应税劳务名称	规格型号	单位	数量	单价	金额	税率	税额
货物运输服务		次	1	61000.00000	61000.00	9%	5490.00
合计					¥61000.00		¥5490.00
价税合计	陆万陆仟肆佰玖拾圆整				（小写）¥66490.00		
销货单位	名　　称: 湖南省长沙市中辉货运公司 纳税人识别号: 914301111852421061 地址、电话: 湖南省长沙市马王堆路 216 号 0731-87365210 开户行及账号: 长沙市农行马王堆路支行 6210504128421			备注	起运地: 浏阳市幸福镇 到达地: 长沙市雨花区车站西路 213 号 货物: 稻谷 货车, 湘 A312N 1		

收款人:　　复核:　　开票人:　　销货单位:（章）

湖南省长沙市中辉货运公司 914301111852421061 发票专用章

国税函　号　湖南云翔实业公司

第二联：抵扣联购货方扣税凭证

图 3-11　增值税专用发票

2）5日，向湖南省第十届农业博览会组委会捐赠仁源白酒（30度）40箱、仁源白酒（40度）30箱、仁源白酒（50度）30箱、仁源保健酒20箱。视同销售价税合计56 387.00元，开具防伪税控增值税普通发票一张，发票（凭证）代码为：430161567，发票（凭证）号码为：01002500。

3）10日，分期收款销售给湖南省长沙市中益贸易公司仁源料酒200箱，不含税单价为100.00元/箱；仁源纯生啤酒2 280箱，不含税单价为60.00元/箱；仁源保健酒160箱，不含税单价为300.00元/箱；仁源白酒（30度）200箱，不含税单价为400.00元/箱；仁源白酒（40度）1 600箱，不含税单价为430.00元/箱；仁源白酒（50度）600箱，不含税单价为500.00元/箱；仁源扎啤32吨，不含税单价为4 000.00元/吨；仁源普通啤酒500箱，不含税单价为40.00元/箱。按合同规定本次收取50%的款项，开具增值税专用发票一张，发票（凭证）代码为：4300161130，发票（凭证）号码为：01003401。

4）15日，销售给湖南省长沙市明成酒业有限公司一台使用过的旧制酒蒸馏专用设备，取得全部销售款6万元，该设备购入时不能抵扣增值税进项税额，适用3%减按2%征收政策。开具防伪税控增值税普通发票一张，发票（凭证）代码为：430161567，发票（凭证）号码为：01002501。

5）24日，采用以物易物方式，用价值43 000.00元（不含税）的仁源白酒（40度）100箱交换湖南省长沙市新飞贸易公司价值52 500.00元的小麦25吨，补齐差价并开具增值税专用发票一张，发票（凭证）代码为：4300161130，发票（凭证）号码为：01003402。

6）26日，收到湖南省郴州市昌泰贸易公司的代销清单，销售仁源白酒（50度）300箱，不含税单价为500.00元/箱；仁源保健酒100箱，不含税单价为300.00元/箱；仁源料酒100箱，不含税单价为100.00元/箱；仁源米酒600箱，不含税单价为200.00元/箱。开具增值税专用发票一张，发票（凭证）代码为：4300161130，发票（凭证）号码为：01003403。

7）25日，销售给湖南省长沙市农旺超市仁源白酒（30度）10箱，不含税单价为400.00元/箱；仁源白酒（40度）8箱，不含税单价为430.00元/箱；仁源保健酒30箱，不含税单价为300.00元/箱；仁源礼包50套，不含税单价为400.00元/套。开具防伪税控增值税普通发票一张，发票（凭证）代码为：430161567，发票（凭证）号码为：01002502。

8）27日，湖南省长沙市王利烟酒总公司退回仁源普通啤酒20箱（40.00元/箱），不含税价款为800.00元，已开增值税专用发票冲销，发票（凭证）代码为：4300161130，发票（凭证）号码为：01003404；对应原发票（凭证）代码为：4300161130，发票（凭证）号码为：01003400。

（4）视同销售业务。8日，企业工会将自产的仁源白酒（30度）100箱、仁源白酒

（50度）40箱、仁源保健酒20箱直接用于职工福利发放。

3. 实训任务

（1）增值税发票开具实训。为进一步优化纳税服务，方便纳税人全面掌握发票政策、规范发票开具，国家税务总局专门编写了《增值税发票开具指南》以指导通过增值税发票管理新系统（以下简称新系统）的纳税人进行增值税发票的开具，包括增值税专用发票、增值税普通发票、增值税电子普通发票和机动车销售统一发票。目前市面上的税控管理系统软件有两种：一种是由百旺金赋开发的，通常称为“税控盘”；另一种是由航天信息开发的，通常称为“金税盘”。两种软件具有同样的功能，没有本质区别。

1）增值税发票种类。

①增值税专用发票。增值税专用发票由基本联次或者基本联次附加其他联次构成，分为三联版和六联版两种。基本联次为三联：第一联为记账联，是销售方记账凭证；第二联为抵扣联，是购买方扣税凭证；第三联为发票联，是购买方记账凭证。其他联次的用途，由纳税人自行确定。纳税人办理产权过户手续需要使用发票的，可以使用增值税专用发票第六联。增值税专用发票样图如图3-12所示。

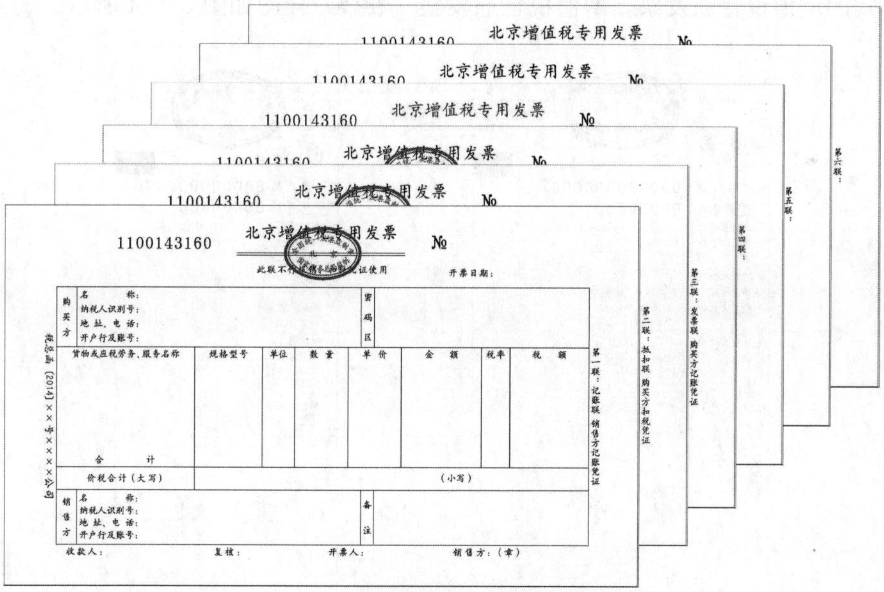

图3-12 增值税专用发票样图

②增值税普通发票（折叠票）。增值税普通发票（折叠票）由基本联次或者基本联次附加其他联次构成，分为两联版和五联版两种。基本联次为两联：第一联为记账联，是销售方记账凭证；第二联为发票联，是购买方记账凭证。其他联次用途由纳税人自行确定。纳税人办理产权过户手续需要使用发票的，可以使用增值税普通发票第三联。增

值税普通发票（折叠票）样图如图 3－13 所示。

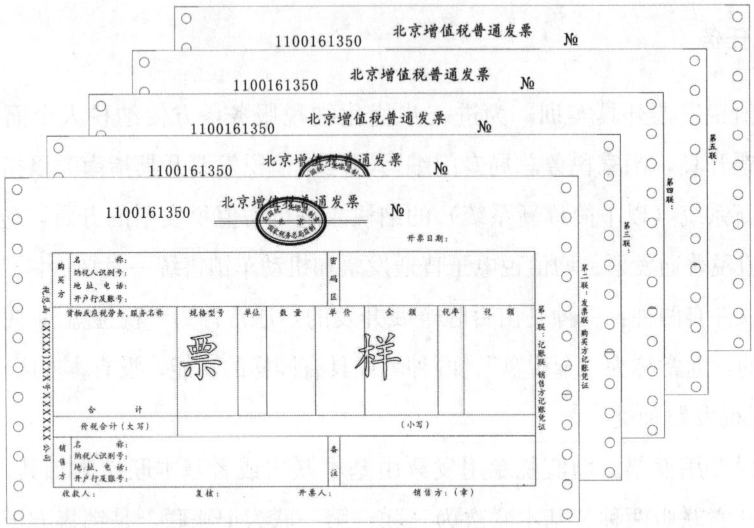

图 3－13　增值税普通发票（折叠票）样图

③增值税普通发票（卷票）。增值税普通发票（卷票）分为两种规格：57mm×177.8mm，76mm×177.8mm，均为单联，大部分超市直接打印的增值税普通发票即为卷票形式的增值税普通发票。增值税普通发票（卷票）样图如图 3－14 所示。

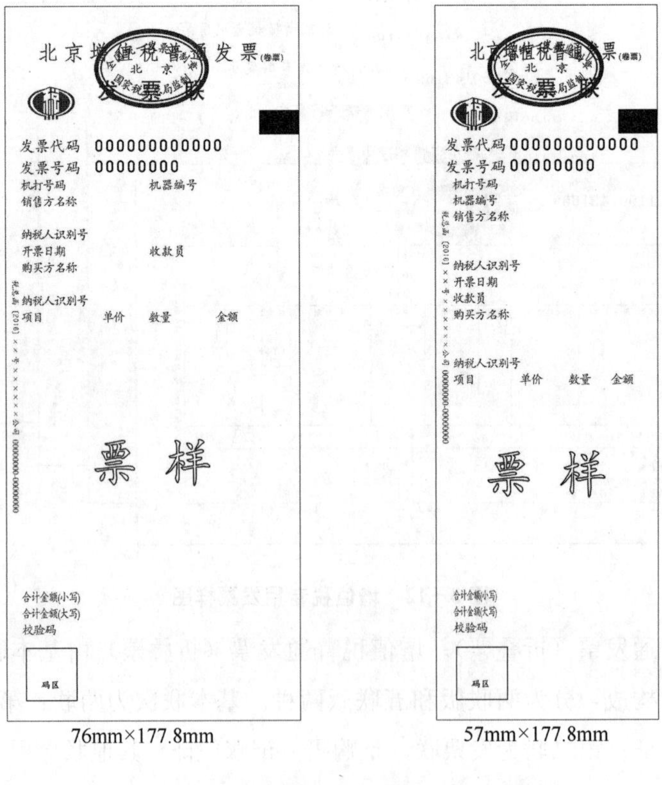

图 3－14　增值税普通发票（卷票）样图

④增值税电子普通发票。增值税电子普通发票的开票方和受票方需要纸质发票的，可以自行打印增值税电子普通发票的版式文件，其法律效力、基本用途、基本使用规定等与税务机关监制的增值税普通发票相同。增值税电子普通发票样图如图 3－15 所示。

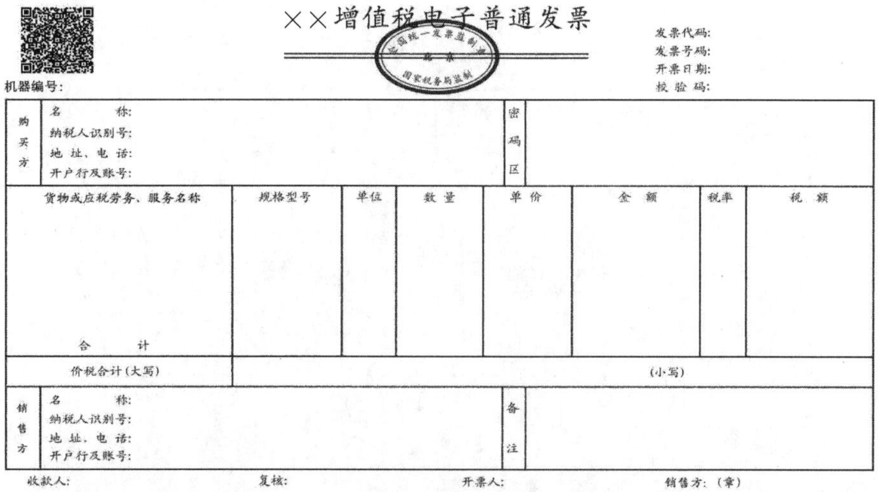

图 3－15　增值税电子普通发票样图

⑤机动车销售统一发票。从事机动车零售业务的单位和个人，在销售机动车（不包括销售旧机动车）收取款项时，开具机动车销售统一发票。机动车销售统一发票为电脑六联式发票：第一联为发票联，是购货单位付款凭证；第二联为抵扣联，是购货单位扣税凭证；第三联为报税联，车辆购置税征收单位留存；第四联为注册登记联，车辆登记单位留存；第五联为记账联，销货单位记账凭证；第六联为存根联，销货单位留存。机动车销售统一发票样图如图 3－16 所示。

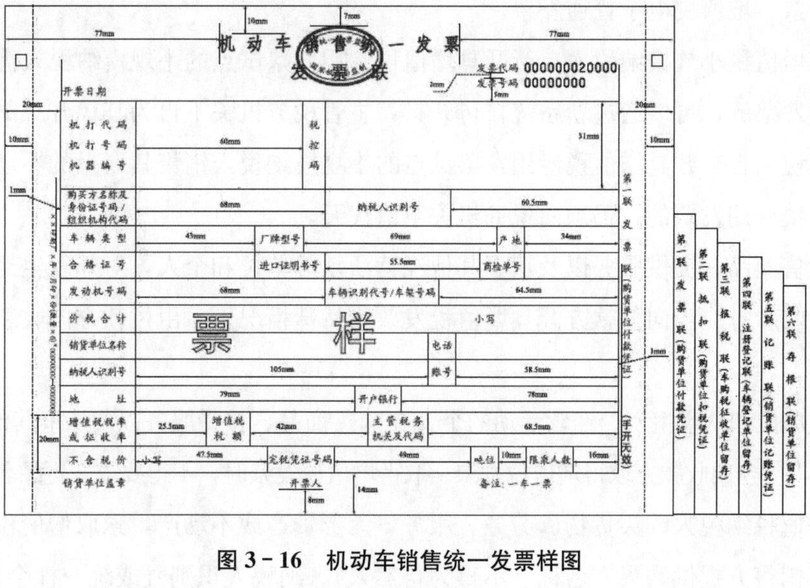

图 3－16　机动车销售统一发票样图

⑥二手车销售统一发票。二手车销售统一发票“车价合计”栏次仅注明车辆价款。二手车交易市场、二手车经销企业、经纪机构和拍卖企业在办理过户手续过程中收取的其他费用，应当单独开具增值税发票。二手车销售统一发票样图如图 3－17 所示。

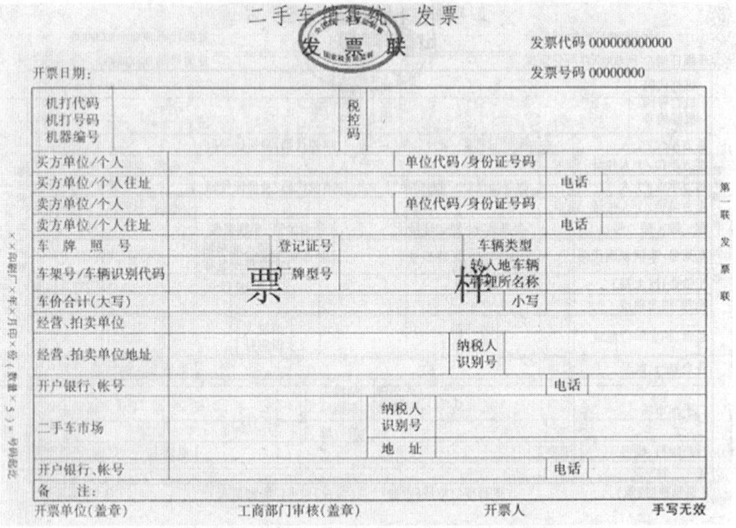
二手车销售统一发票
发票联
发票代码 000000000000
发票号码 00000000
开票日期：

机打代码 机打号码 机器编号		税控码	
买方单位/个人		单位代码/身份证号码	
买方单位/个人住址		电话	
卖方单位/个人		单位代码/身份证号码	
卖方单位/个人住址		电话	
车牌照号	登记证号	车辆类型	
车架号/车辆识别代码	厂牌型号	转入地车辆管理所名称	
车价合计(大写)		小写	
经营、拍卖单位			
经营、拍卖单位地址		纳税人识别号	
开户银行、帐号		电话	
二手车市场		纳税人识别号 地址	
开户银行、帐号		电话	
备注：			

开票单位(盖章)　工商部门审核(盖章)　开票人　手写无效

第一联 发票联

票样

图 3－17　二手车销售统一发票样图

2）增值税发票开具的基本规定。

①增值税一般纳税人销售货物、提供加工修理修配劳务和发生应税行为，使用新系统开具增值税专用发票、增值税普通发票、机动车销售统一发票、增值税电子普通发票。

纳入新系统推行范围的小规模纳税人，使用新系统开具增值税普通发票、机动车销售统一发票、增值税电子普通发票。

纳入增值税小规模纳税人自行开具增值税专用发票试点的小规模纳税人需要开具增值税专用发票的，可以通过新系统自行开具，主管税务机关不再为其代开。纳入增值税小规模纳税人自行开具增值税专用发票试点的小规模纳税人销售其取得的不动产，需要开具增值税专用发票的，仍须向税务机关申请代开。

②销售商品、提供服务以及从事其他经营活动的单位和个人，对外发生经营业务收取款项，收款方应当向付款方开具增值税发票；特殊情况下，由付款方向收款方开具增值税发票。

所有单位和从事生产、经营活动的个人在购买商品、接受服务以及从事其他经营活动支付款项，应当向收款方取得增值税发票。取得增值税发票时，不得要求变更品名和金额。

③增值税纳税人购买货物、劳务、服务、无形资产或不动产，索取增值税专用发票时，须向销售方提供购买方名称（不得为自然人）、纳税人识别号或统一社会信用代码、

地址电话、开户行及账号信息，不需要提供营业执照、税务登记证、组织机构代码证、开户许可证、增值税一般纳税人资格登记表等相关证件或其他证明材料。

个人消费者购买货物、劳务、服务、无形资产或不动产，索取增值税普通发票时，不需要向销售方提供纳税人识别号、地址电话、开户行及账号信息，也不需要提供相关证件或其他证明材料。

④纳税人应在发生增值税纳税义务时开具增值税发票。

⑤单位和个人在开具增值税发票时，必须做到按照号码顺序填开，填写项目齐全，内容真实，字迹清楚，全部联次一次打印，内容完全一致，并在发票联和抵扣联加盖发票专用章。

开具发票应当使用中文。民族自治地方可以同时使用当地通用的一种民族文字。

⑥国家税务总局编写了《商品和服务税收分类与编码（试行）》，并在新系统中增加了商品和服务税收分类与编码相关功能。使用新系统的增值税纳税人，应使用新系统选择相应的商品和服务税收分类与编码开具增值税发票。

⑦纳税人应在互联网连接状态下在线使用新系统开具增值税发票，新系统可自动上传已开具的发票明细数据。

纳税人因网络故障等原因无法在线开具发票的，在税务机关设定的离线开具发票时限和离线开具发票总金额范围内仍可开具发票，超限将无法开具发票。纳税人开具发票次月仍未连通网络上传已开具发票明细数据的，也将无法开具发票。纳税人需连通网络上传发票数据后方可开具发票，仍无法连通网络的，需携带专用设备到税务机关进行征期报税或非征期报税后方可开具发票。

纳税人已开具未上传的增值税发票为离线发票。离线开具发票时限是指自第一份离线发票开具时间起开始计算可离线开具的最长时限。离线开具发票总金额是指可开具离线发票的累计不含增值税总金额，按不同票种分别计算。

纳税人离线开具发票时限和离线开具发票总金额的设定标准及方法由各省、自治区、直辖市和计划单列市税务局确定。

按照有关规定不使用网络办税或不具备网络条件的特定纳税人，以离线方式开具增值税发票，不受离线开具发票时限和离线开具发票总金额限制。

⑧任何单位和个人不得有下列虚开发票行为：为他人、为自己开具与实际经营业务情况不符的发票；让他人为自己开具与实际经营业务情况不符的发票；介绍他人开具与实际经营业务情况不符的发票。

⑨取得增值税发票的单位和个人可登录全国增值税发票查验平台（https://inv-veri.chinatax.gov.cn），对新系统开具的增值税专用发票、增值税普通发票、机动车销售

统一发票和增值税电子普通发票的发票信息进行查验。单位和个人通过网页浏览器首次登录平台时，应下载安装根证书文件，查看平台提供的发票查验操作说明。

⑩一般纳税人有下列情形之一的，不得使用增值税专用发票：

a. 会计核算不健全，不能向税务机关准确提供增值税销项税额、进项税额、应纳税额数据及其他有关增值税税务资料的。上列其他有关增值税税务资料的内容，由省、自治区、直辖市和计划单列市税务局确定。

b. 应当办理一般纳税人资格登记而未办理的。

c. 有《中华人民共和国税收征收管理法》规定的税收违法行为，拒不接受税务机关处理的。

d. 有下列行为之一，经税务机关责令限期改正而仍未改正的：虚开增值税专用发票；私自印制增值税专用发票；向税务机关以外的单位和个人买取增值税专用发票；借用他人增值税专用发票；未按《增值税专用发票使用规定》第十一条开具增值税专用发票；未按规定保管增值税专用发票和专用设备；未按规定申请办理防伪税控系统变更发行；未按规定接受税务机关检查。有上列情形的，如已领取增值税专用发票，主管税务机关应暂扣其结存的增值税专用发票和税控专用设备。

⑪属于下列情形之一的，不得开具增值税专用发票：

a. 向消费者个人销售货物、提供应税劳务或者发生应税行为的。

b. 销售货物、提供应税劳务或者发生应税行为适用增值税免税规定的，法律、法规及国家税务总局另有规定的除外。

c. 部分适用增值税简易征收政策规定的：增值税一般纳税人的单采血浆站销售非临床用人体血液选择简易计税方法的；纳税人销售旧货，按简易计税方法依3%征收率减按2%征收增值税的；纳税人销售自己使用过的固定资产，适用按简易计税方法依3%征收率减按2%征收增值税政策的。

需要注意的是，纳税人销售自己使用过的固定资产，适用简易计税方法依照3%征收率减按2%征收增值税政策的，可以放弃减税，按照简易计税方法依照3%征收率缴纳增值税，并可以开具增值税专用发票。

d. 法律、法规及国家税务总局规定的其他情形。

⑫增值税专用发票应按下列要求开具：

a. 项目齐全，与实际交易相符；

b. 字迹清楚，不得压线、错格；

c. 发票联和抵扣联加盖发票专用章；

d. 按照增值税纳税义务的发生时间开具。

不符合上述要求的增值税专用发票，购买方有权拒收。

⑬一般纳税人销售货物、提供加工修理修配劳务和发生应税行为可汇总开具增值税专用发票。汇总开具增值税专用发票的，同时使用新系统开具《销售货物或者提供应税劳务清单》，并加盖发票专用章。

⑭纳税人丢失增值税专用发票的，按以下方法处理：

一般纳税人丢失已开具增值税专用发票的抵扣联，如果丢失前已认证相符的，可使用增值税专用发票发票联复印件留存备查；如果丢失前未认证的，可使用增值税专用发票发票联认证，增值税专用发票发票联复印件留存备查。

一般纳税人丢失已开具增值税专用发票的发票联，可将增值税专用发票抵扣联作为记账凭证，增值税专用发票抵扣联复印件留存备查。

一般纳税人丢失已开具增值税专用发票的发票联和抵扣联，如果丢失前已认证相符的，购买方可凭销售方提供的相应增值税专用发票记账联复印件及销售方主管税务机关出具的《丢失增值税专用发票已报税证明单》或《丢失货物运输业增值税专用发票已报税证明单》（以下统称《证明单》），作为增值税进项税额的抵扣凭证；如果丢失前未认证的，购买方凭销售方提供的相应增值税专用发票记账联复印件进行认证，认证相符的可凭增值税专用发票记账联复印件及销售方主管税务机关出具的《证明单》，作为增值税进项税额的抵扣凭证。增值税专用发票记账联复印件和《证明单》留存备查。

⑮纳税人在开具增值税专用发票当月，发生销货退回、开票有误等情形，收到退回的发票联、抵扣联符合作废条件的，按作废处理；开具时发现有误的，可即时作废。

作废增值税专用发票须在新系统中将相应的数据电文按“作废”处理，在纸质增值税专用发票（含未打印的增值税专用发票）各联次上注明“作废”字样，全联次留存。

同时具有下列情形的，为上述所称作废条件：收到退回的发票联、抵扣联，且时间未超过销售方开票当月；销售方未抄税且未记账；购买方未认证，或者认证结果为“纳税人识别号认证不符”“增值税专用发票代码、号码认证不符”。

⑯纳税人开具增值税专用发票后，发生销货退回、开票有误、应税服务中止等情形但不符合发票作废条件，或者因销货部分退回及发生销售折让，需要开具红字增值税专用发票的，按以下方法处理：

a. 购买方取得增值税专用发票已用于申报抵扣的，购买方可在新系统中填开并上传《开具红字增值税专用发票信息表》（以下简称《信息表》，见表3-2），在填开《信息表》时不填写相对应的蓝字增值税专用发票信息，应暂依《信息表》所列增值税税额从当期进项税额中转出，待取得销售方开具的红字增值税专用发票后，与《信息表》一并作为记账凭证。

表 3－2　开具红字增值税专用发票信息表

填开日期：　　年　月　日

<table>
<tr><td rowspan="2">销售方</td><td>名称</td><td></td><td rowspan="2">购买方</td><td>名称</td><td colspan="2"></td></tr>
<tr><td>纳税人识别号</td><td></td><td>纳税人识别号</td><td colspan="2"></td></tr>
<tr><td rowspan="10">开具红字专用发票内容</td><td>货物（劳务服务）名称</td><td>数量</td><td>单价</td><td>金额</td><td>税率</td><td>税额</td></tr>
<tr><td></td><td></td><td></td><td></td><td></td><td></td></tr>
<tr><td></td><td></td><td></td><td></td><td></td><td></td></tr>
<tr><td></td><td></td><td></td><td></td><td></td><td></td></tr>
<tr><td></td><td></td><td></td><td></td><td></td><td></td></tr>
<tr><td></td><td></td><td></td><td></td><td></td><td></td></tr>
<tr><td></td><td></td><td></td><td></td><td></td><td></td></tr>
<tr><td></td><td></td><td></td><td></td><td></td><td></td></tr>
<tr><td></td><td></td><td></td><td></td><td></td><td></td></tr>
<tr><td>合计</td><td>—</td><td>—</td><td></td><td>—</td><td></td></tr>
<tr><td>说明</td><td colspan="6">一、购买方□
对应蓝字专用发票抵扣增值税销项税额情况：
1. 已抵扣□
2. 未抵扣□
对应蓝字专用发票的代码：________号码：________
二、销售方□
对应蓝字专用发票的代码：________号码：________</td></tr>
<tr><td>红字专用发票信息表编号</td><td colspan="6"></td></tr>
</table>

购买方取得增值税专用发票未用于申报抵扣但发票联或抵扣联无法退回的，购买方填开《信息表》时应填写相对应的蓝字增值税专用发票信息。

销售方开具增值税专用发票尚未交付购买方，以及购买方未用于申报抵扣并将发票联及抵扣联退回的，销售方可在新系统中填开并上传《信息表》。销售方填开《信息表》时应填写相对应的蓝字增值税专用发票信息。

b. 主管税务机关通过网络接收纳税人上传的《信息表》，系统自动校验通过后，生成带有“红字发票信息表编号”的《信息表》，并将信息同步至纳税人端系统中。

c. 销售方凭税务机关系统校验通过的《信息表》开具红字增值税专用发票，在新系统中以销项负数开具。红字增值税专用发票应与《信息表》一一对应。

d. 纳税人也可凭《信息表》电子信息或纸质资料到税务机关对《信息表》内容进行系统校验。红字增值税专用发票开具的基本流程如图 3－18 所示。

⑰纳税人开具增值税普通发票后，如发生销货退回、开票有误、应税服务中止等情形但不符合发票作废条件，或者因销货部分退回及发生销售折让，需要开具红字增值税

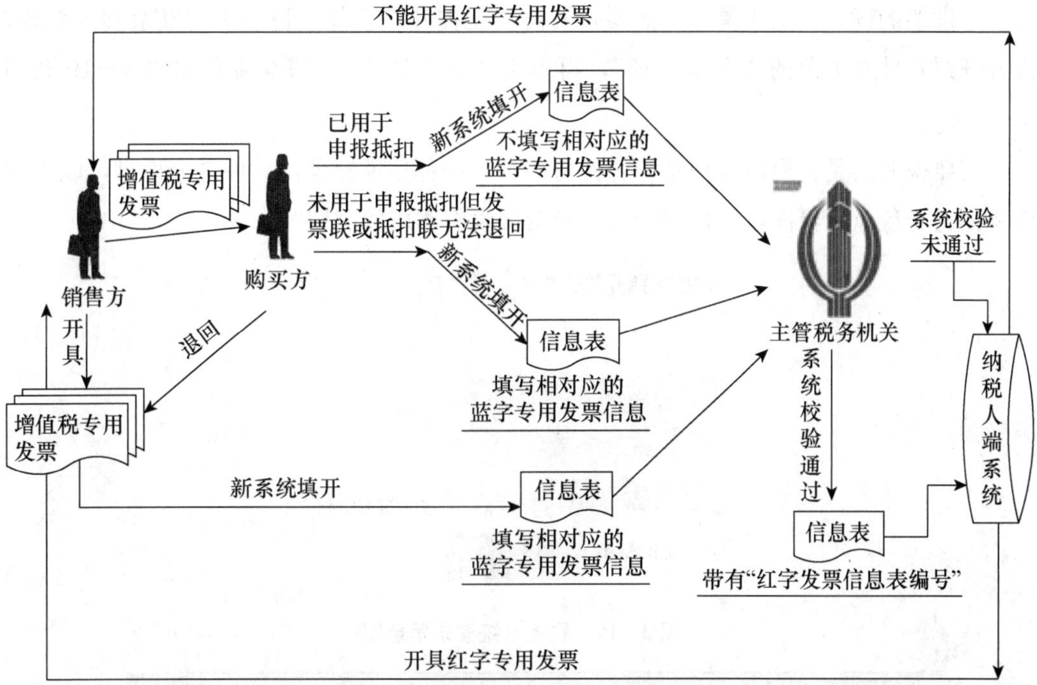

图3-18 红字增值税专用发票开具的基本流程

普通发票的，应收回原发票并注明"作废"字样或取得对方有效证明。

纳税人需要开具红字增值税普通发票的，可以在所对应的蓝字增值税普通发票金额范围内开具多份红字增值税普通发票。红字机动车销售统一发票需与原蓝字机动车销售统一发票一一对应。

其他增值税发票开具相关规定请见附录二：《增值税发票开具指南》。

3）增值税发票开具的具体操作步骤。完成税控系统初始化的企业需要购买发票后才能进行增值税发票的开具。

①发票的购买。企业税务员需要持企业报税盘、身份证明（居民身份证、护照等）以及发票专用章到税务机关购买增值税发票，可一次购买100份普通发票和25份经专管员核定的限额版专用发票。需要注意的是：购票人出示的本人身份证明必须与税务机关事先预录的购票人信息一致，纳税服务部门通过身份证识别设备查验真伪后，方可售出增值税发票。

纳税人当月领购增值税发票数量不能满足经营需要的，可以申请再次领购。辅导期一般纳税人每月增购专用发票前必须依据上一次已领购并开具的专用发票销售额的3%预缴增值税；辅导期一般纳税人领购的专用发票未使用完而再次领购的，主管税务机关发售专用发票的份数不得超过核定的每次领购专用发票份数与未使用完的专用发票份数的差额。

②发票的读入。企业税务员需要打开防伪税控开票软件，将购买的发票读入系统。点开开票软件左上角的“发票管理”，再点击“发票读入”，基本流程如图 3－19 和图 3－20 所示。

需要说明的是：税控管理系统软件有两种，一种是税控盘，一种是金税盘，以下的流程图为金税盘版界面，税控盘版与金税盘版没有本质的区别。

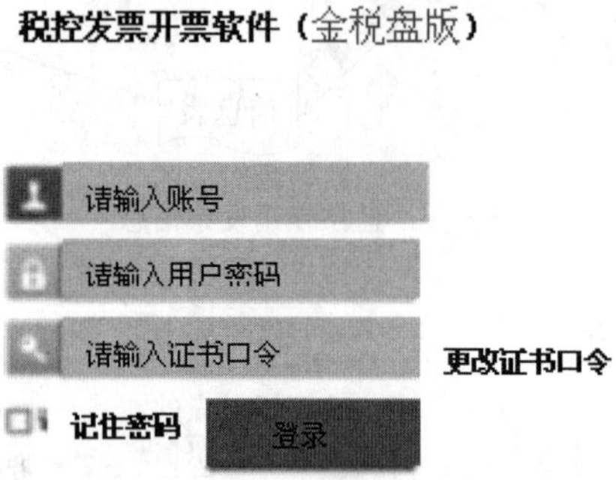

图 3－19　税控系统登录示意图

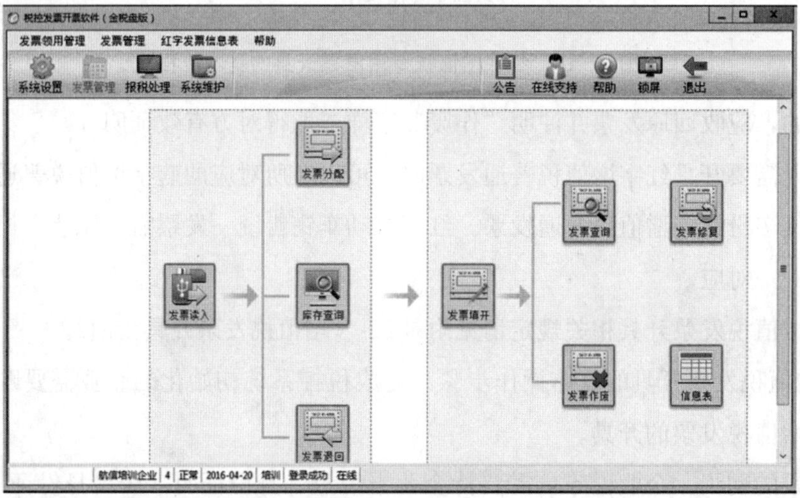

图 3－20　发票读入

点击“发票读入”后，系统会出现如图 3－21 的提示。

图 3－21　发票读入

读入成功后，系统会按其读入顺序自动给出发票号码，以后开票时系统会自动从最先读入的那张发票开始调出发票。

需要注意的是：开票人一定要按发票号码顺序填开和保存纸质专用发票，千万不要把纸质发票号码放乱。

发票读入成功后不退出图 3-20 界面，点击该界面顶层的“发票领用管理”，出现下拉菜单，点击“2 发票库存查询”，可以看到刚刚领购且已经读入电脑中的增值税电子发票的起始号码及本次领购的份数，此时请企业开票人员再次确认电子发票与纸质发票是否有误，一般情况下不会出现差错。

需要注意的是：一旦发现增值税专用发票有错误应当首先与当地税务服务大厅取得联系，严格按照税务发票发售人员的要求进行有关发票退回业务的操作，不可盲目自行操作！

③发票的开具。

a. 准备工作。发票开具前必须认真检查电脑及打印机的工作状态，确认电脑和打印机是否已经正确地连接在不间断电源上，打印机里还有没有待打印的文档。如果有，要让打印机把文档打印完毕，以避免打出错票。当第一次打印增值税专用发票或打印机出现故障修复后，企业开票人员一定要用 A4 纸反复打印比照，直到能把电子发票上的所有信息完全无差错地打印在纸质发票的对应位置上为止，确保在纸质发票上一次打印成功！同时为了防止打印机出现卡纸问题，可以在打印机的左侧挡板上做上记号，以防打印出的发票出现错格、错位等问题。

b. 发票填开。第一步：发票读入后，进入发票管理界面（见图 3-22），点击“发票填开”，选择需要填开的发票种类。

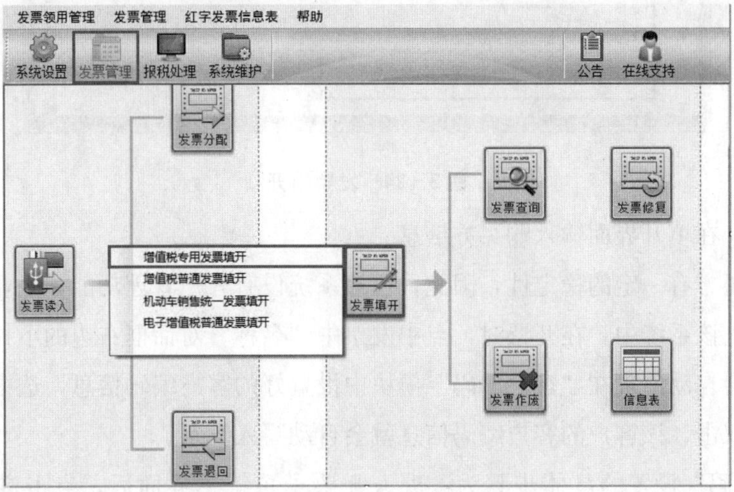

图 3-22　发票填开

第二步：选中发票种类后，出现发票号码确认窗口（见图3-23），检查无误后点击确认。

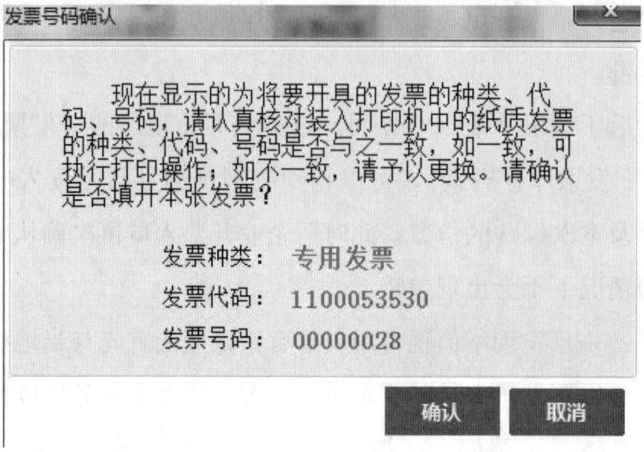

图3-23　发票填开

点击确认后，会出现如图3-24样式的电子发票。

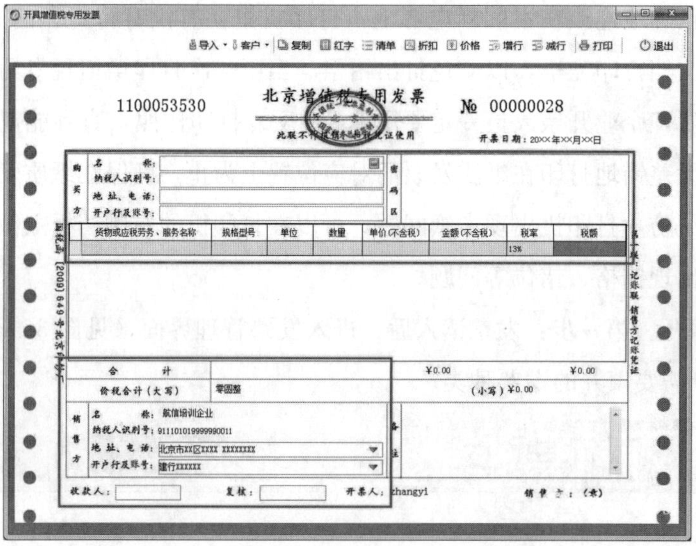

图3-24　发票填开

第三步：在填开界面输入购买方信息。

由于购买方有一定的稳定性，因此，税控系统设有客户管理功能，企业可以将客户信息提前录入该系统中。在开票时，点中发票中“名称”对话框右边的下拉菜单，在下拉菜单中就会自动出现在“客户编码”模块中设置好的客户编码信息，选中要开票客户的信息行后双击，该客户的客户编码信息就会自动写入发票。

“客户编码”设置的具体步骤为：进入开票子系统主界面后，点击进入“系统设置”，点击进入“客户编码”，然后进入主界面后将带有 * 号的内容填写正确后保存，具体见图 3 - 25。

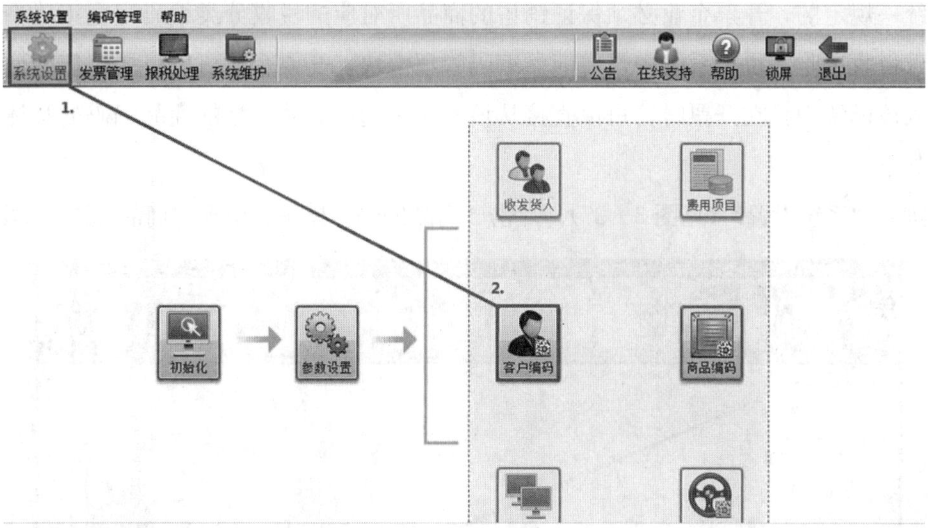

图 3 - 25　客户编码设置

需要注意的是：输入客户税务信息时一定要小心谨慎，因为在实际工作中出现因客户信息错误而导致发票作废的案例十分常见。

客户信息选择后的发票样式如图 3 - 26 所示。

图 3 - 26　客户信息选择后的发票样式

第四步：输入销售的商品信息。由于发票开具时商品的税收分类编码是由国家税务总局统一规定的，开票企业必须保证销售的商品所对应的税收分类编码完全正确，否则会导致税收风险。税控系统中设有商品编码管理模块，开票企业可以将要销售的商品信息录入该模块中，在开票时，可以直接从该模块中选取商品。添加商品编码的具体操作步骤如下：

进入“系统设置”（见图3-27），点击“商品编码”模块，出现“商品编码”对话框。

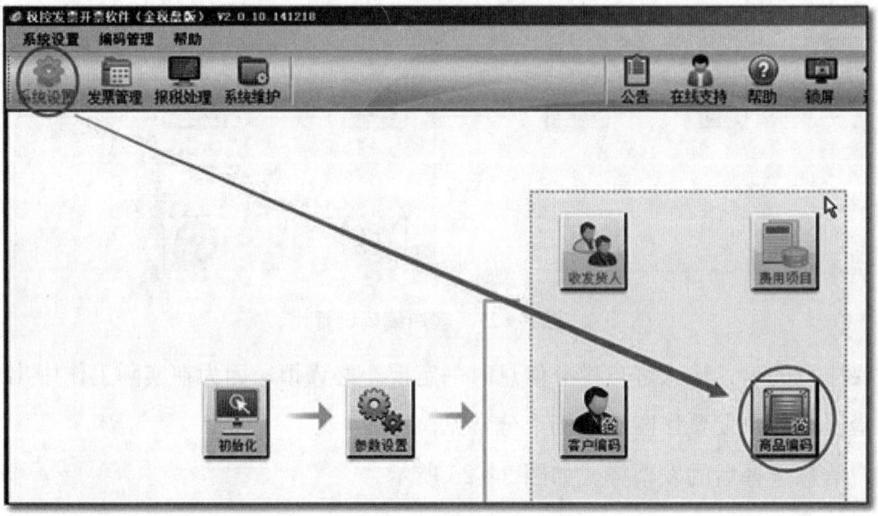

图3-27　商品编码设置

点击“增加”按钮，系统进入“商品编码添加”界面，将带有*号的内容进行填写和选择。比如要在00107商品后面加上00108的美达52XP CD-ROM商品，具体流程如图3-28和图3-29所示。

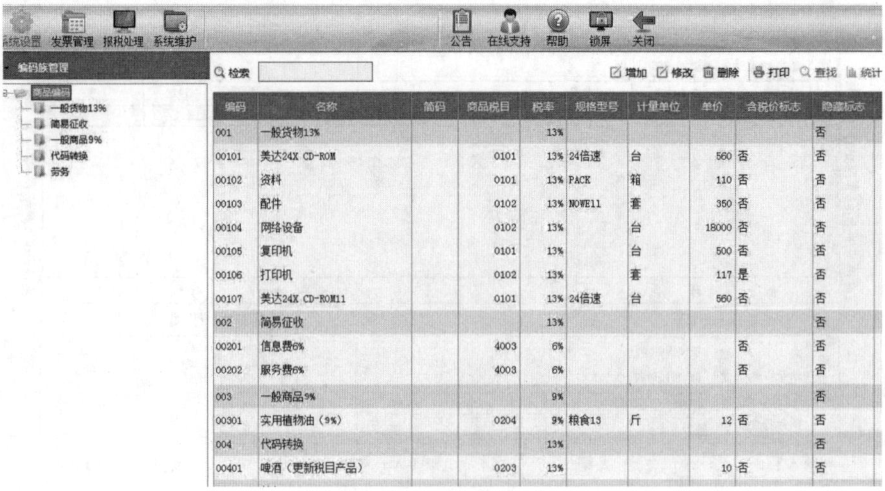

编码	名称	简码	商品税目	税率	规格型号	计量单位	单价	含税价标志	隐藏标志
001	一般货物13%			13%					否
00101	美达24X CD-ROM		0101	13%	24倍速	台	560	否	否
00102	资料		0101	13%	PACK	箱	110	否	否
00103	配件		0102	13%	NOWE11	套	350	否	否
00104	网络设备		0102	13%		台	18000	否	否
00105	复印机		0101	13%		台	500	否	否
00106	打印机		0102	13%		套	117	是	否
00107	美达24X CD-ROM11		0101	13%	24倍速	台	560	否	否
002	简易征收			13%					否
00201	信息费6%		4003	6%				否	否
00202	服务费6%		4003	6%				否	否
003	一般商品9%			9%					否
00301	实用植物油（9%）		0204	9%	粮食13	斤	12	否	否
004	代码转换			13%					否
00401	啤酒（更新税目产品）		0203	13%			10	否	否

图3-28　商品编码添加

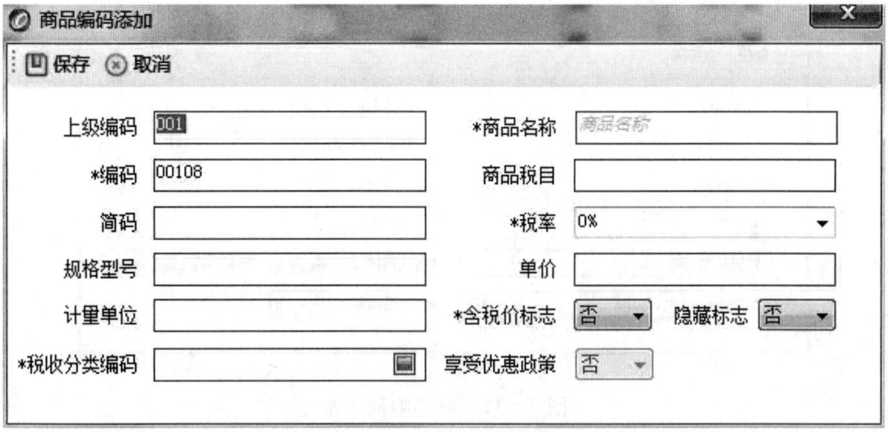

说明：此处“上级编码”及“编码”是企业根据自身商品类别编制的；“税收分类编码”是国家税务总局统一编制的，企业不能自行编码，只能从编码库中挑选。

图 3-29　商品编码添加

填写商品名称（见图 3-30）。

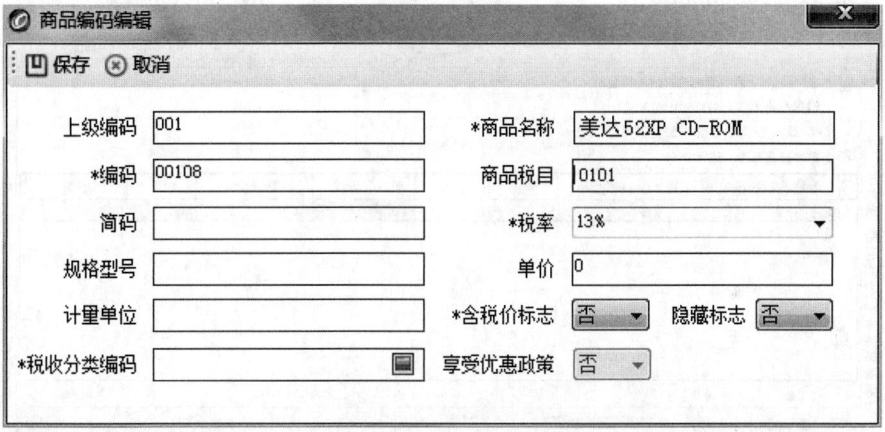

图 3-30　商品编码添加

单击“税收分类编码”栏右方按钮（见图 3-31），系统显示税收分类编码列表，根据实际情况选择此商品对应的税收分类编码，也可通过录入税收分类编码或编码名称快速检索税收分类编码。如选择的税收分类编码有优惠政策，则“享受优惠政策”项变为可修改状态，如“享受优惠政策”项为“是”，请根据实际情况在“税率”项中选择优惠税率。设置完成后，点击“保存”按钮，系统提示“保存成功”，商品编码列表中将显示税收分类编码和是否享受优惠政策。

商品信息添加完成后，企业开票时可以直接选择“商品名称”。输入商品名称时，出现商品编码提示框，把带有＊号的内容填写完整。商品输入成功后，输入数量和单价，金额和税额自动计算（见图 3-32）。

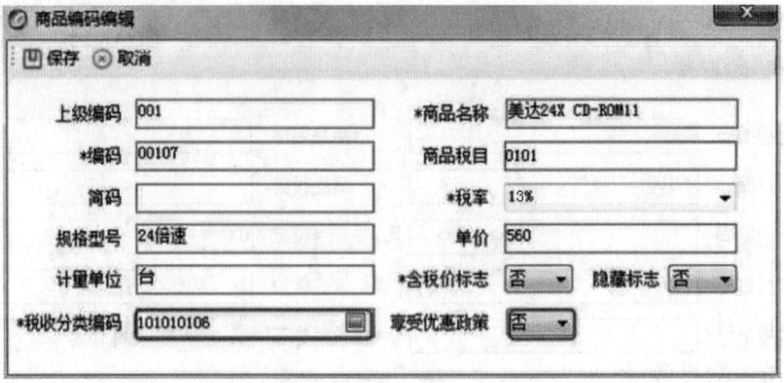

图 3-31　商品编码添加

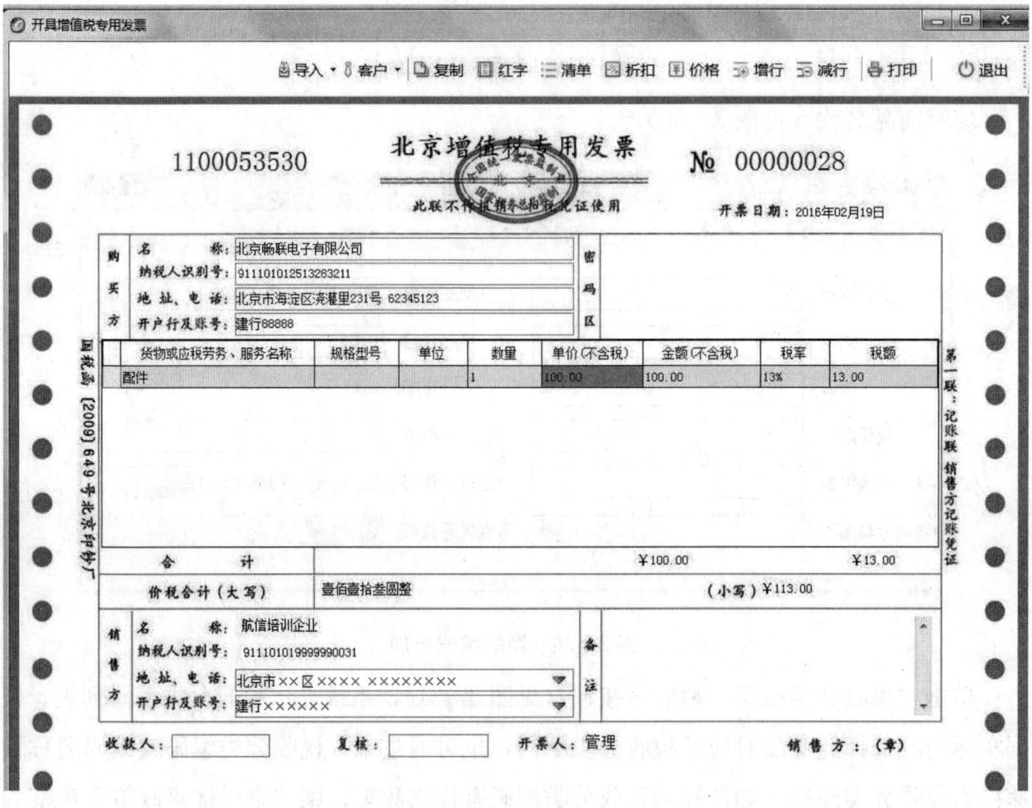

图 3-32　发票填开

第五步：保存、打印发票。票面信息输入完成，检查无误后，点击打印按钮，进行发票保存、打印。

需要注意的是：打印前先检查打印机是否正确连接电源，打印机里是否有未打印的文档，第一次打印时先在白纸上打印，确保无误后再在发票纸上进行打印。

第六步：发票查询。所有开具的发票都可以进入“发票管理”界面查询到（见图3-33）。

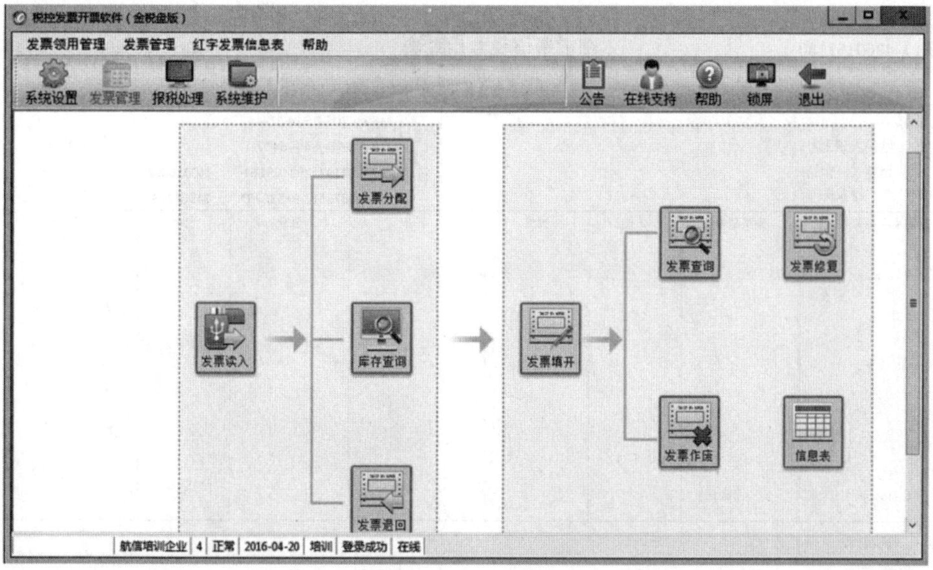

图 3-33　发票查询

当月开具的发票在对方尚未认证的情况下，如果出现开票有误或发生销售退回，可以做“作废”处理，进入“发票管理”界面，会出现图 3-33 的界面，点击“发票作废”，选择要作废的发票，点击“作废”即可完成（见图 3-34）。

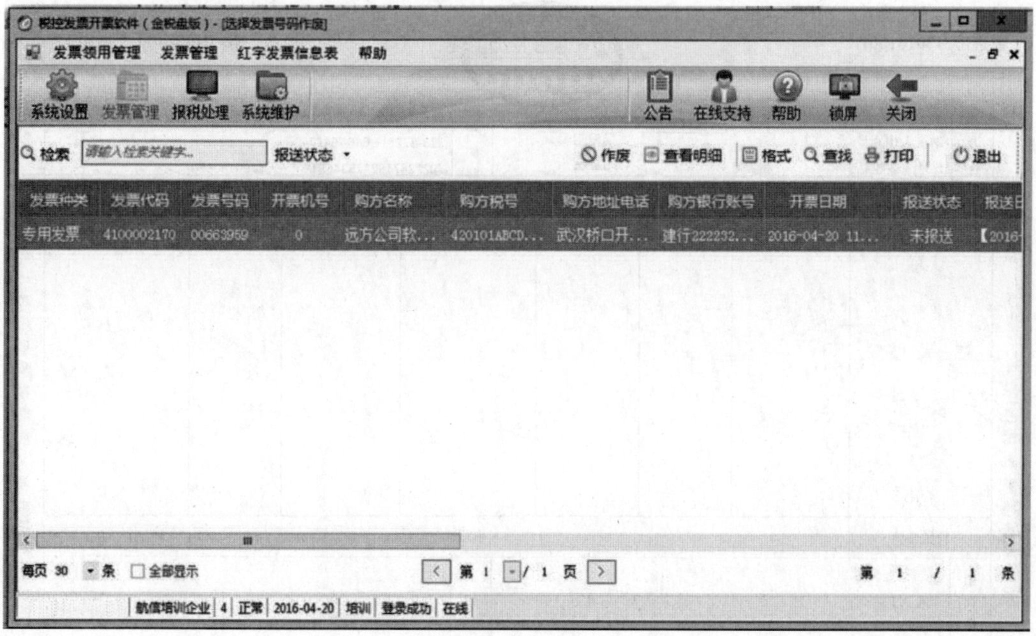

图 3-34　发票作废

4）实训要求：请根据以上说明及湖南省仁源酒业有限公司的有关业务资料填写图 3-35 至图 3-42。

（专票1）4300161130

湖南增值税专用发票

No 01003400

湖 南

此联[illegible]证使用

开票日期：　年　月　日

购货单位	名　　称： 纳税人识别号： 地址、电话： 开户行及账号：			密码区	4+89347/05-0/314-1*-+ 213-872*1+/646--64*7- 702*267192*2534651/6+　4400160620 991425376*17-9+33629*　74563213		
货物及应税劳务名称	规格型号	单位	数量	单价	金额	税率	税额
合计							
价税合计	（小写）						
销货单位	名　　称： 纳税人识别号： 地址、电话： 开户行及账号：			备注			
收款人：		复核：		开票人：		销货单位：（章）	

国税函〔　〕号　湖南云翔实业公司

第一联：记账联　销货方记账凭证

图3－35　增值税专用发票

（普票1）430161567

湖南增值税普通发票

No 01002500

湖 南

开票日期：　年　月　日

购货单位	名　　称： 纳税人识别号： 地址、电话： 开户行及账号：			密码区	4+89347/05-0/314-1*-+ 213-872*1+/646--64*7- 702*267192*2534651/6+　4400160620 991425376*17-9+33629*　74563213		
货物及应税劳务名称	规格型号	单位	数量	单价	金额	税率	税额
合计							
价税合计	（小写）						
销货单位	名　　称： 纳税人识别号： 地址、电话： 开户行及账号：			备注			
收款人：		复核：		开票人：		销货单位：（章）	

国税函〔　〕号　湖南云翔实业公司

第一联：记账联　销货方记账凭证

图3－36　增值税普通发票

（专票2）4300161130　　　　湖南增值税专用发票　　　　No 01003401

全国统一发票监制章 湖南 国家税务总局监制

开票日期：　年　月　日

此联不作报销、扣税凭证使用

国税函　号　湖南云翔实业公司

购货单位	名　称： 纳税人识别号： 地址 、 电话： 开户行及账号：			密码区	4+89347/05-0/314-1*-+ 213-872*1+/646--64*7- 702*267192*2534651/6+　4400160620 991425376*17-9+33629*　74563213		
货物及应税劳务名称	规格型号	单位	数量	单价	金额	税率	税额
合计							
价税合计				（小写）			
销货单位	名　称： 纳税人识别号： 地址 、 电话： 开户行及账号：			备注			
收款人：		复核：		开票人：		销货单位：（章）	

第一联：记账联　销货方记账凭证

图 3－37　增值税专用发票

（普票2）430161567　　　　湖南增值税普通发票　　　　No 01002501

全国统一发票监制章 湖南 国家税务总局监制

开票日期：　年　月　日

国税函　号　湖南云翔实业公司

购货单位	名　称： 纳税人识别号： 地址 、 电话： 开户行及账号：			密码区	4+89347/05-0/314-1*-+ 213-872*1+/646--64*7- 702*267192*2534651/6+　4400160620 991425376*17-9+33629*　74563213		
货物及应税劳务名称	规格型号	单位	数量	单价	金额	税率	税额
合计							
价税合计				（小写）			
销货单位	名　称： 纳税人识别号： 地址 、 电话： 开户行及账号：			备注			
收款人：		复核：		开票人：		销货单位：（章）	

第一联：记账联　销货方记账凭证

图 3－38　增值税普通发票

（专票3）4300161130

湖南增值税专用发票

湖 南

此联不作报销、扣税凭证使用

No 01003402

开票日期：　　年　　月　　日

国税函 号 湖南云翔实业公司

购货单位	名　　称： 纳税人识别号： 地址 、 电话： 开户行及账号：			密码区	4+89347/05-0/314-1*-+ 213-872*1+/646--64*7- 702*267192*2534651/6+ 991425376*17-9+33629*	4400160620 74563213	
货物及应税劳务名称	规格型号	单位	数量	单价	金额	税率	税额
合计							
价税合计				（小写）			
销货单位	名　　称： 纳税人识别号： 地址 、 电话： 开户行及账号：			备注			
收款人：		复核：		开票人：		销货单位：（章）	

第一联：记账联 销货方记账凭证

图 3-39　增值税专用发票

（专票4）4300161130

湖南增值税专用发票

湖 南

此联不作报销、扣税凭证使用

No 01003403

开票日期：　　年　　月　　日

国税函 号 湖南云翔实业公司

购货单位	名　　称： 纳税人识别号： 地址 、 电话： 开户行及账号：			密码区	4+89347/05-0/314-1*-+ 213-872*1+/646--64*7- 702*267192*2534651/6+ 991425376*17-9+33629*	4400160620 74563213	
货物及应税劳务名称	规格型号	单位	数量	单价	金额	税率	税额
合计							
价税合计				（小写）			
销货单位	名　　称： 纳税人识别号： 地址 、 电话： 开户行及账号：			备注			
收款人：		复核：		开票人：		销货单位：（章）	

第一联：记账联 销货方记账凭证

图 3-40　增值税专用发票

(普票3) 430161567　　**湖南增值税普通发票**　　No 01002502

开票日期:　　年　　月　　日

国税函　号　湖南云翔实业公司

购货单位	名　　称: 纳税人识别号: 地址 、 电话: 开户行及账号:				密码区	4+89347/05-0/314-1*-+ 213-872*1+/646--64*7- 702*267192*2534651/6+ 991425376*17-9+33629*	4400160620 74563213	
货物及应税劳务名称	规格型号	单位	数量	单价	金额	税率	税额	
合计								
价税合计				（小写）				
销货单位	名　　称: 纳税人识别号: 地址 、 电话: 开户行及账号:				备注			
收款人:		复核:		开票人:		销货单位:（章）		

第一联：记账联 销货方记账凭证

图 3-41　增值税普通发票

(专票5) 4300161130　　**湖南增值税专用发票**　　No 01003404

湖　南

此联不作报销、扣税凭证使用

开票日期:　　年　　月　　日

国税函　号　湖南云翔实业公司

购货单位	名　　称: 纳税人识别号: 地址 、 电话: 开户行及账号:				密码区	4+89347/05-0/314-1*-+ 213-872*1+/646--64*7- 702*267192*2534651/6+ 991425376*17-9+33629*	4400160620 74563213	
货物及应税劳务名称	规格型号	单位	数量	单价	金额	税率	税额	
合计								
价税合计				（小写）				
销货单位	名　　称: 纳税人识别号: 地址 、 电话: 开户行及账号:				备注			
收款人:		复核:		开票人:		销货单位:（章）		

第一联：记账联 销货方记账凭证

图 3-42　增值税专用发票

(2) 增值税纳税申报实训。增值税纳税人在税收征收期内必须完成纳税申报，以月为纳税期限的一般纳税人必须在下月 15 日前完成上月税款的申报缴纳工作；以季为纳税期限的小规模纳税人必须在每季度末的下月 15 日前完成上季税款的申报缴纳工作。具体申报流程包含抄税—纳税申报—清零解锁三个主要步骤。

第一步：抄税。纳税人在主管税务机关规定的抄税期限内（一般是次月的 1—5 日）登录开票软件，通过网上抄报或办税厅抄报形式，向税务机关上传上月开票数据，税务机关对发票信息进行核对，以确保信息的真实性。

在网络申报条件下，抄税工作非常简单。只要在连接互联网状态时，每月月初第一次登录防伪税控开票系统，系统会自动进行上报汇总（见图 3-43）。

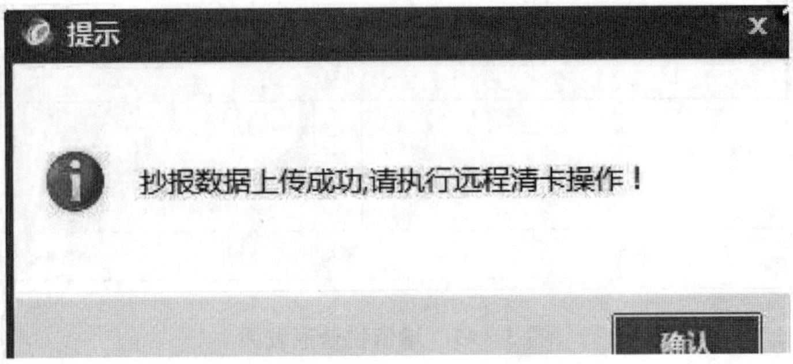

图 3-43　增值税纳税人抄税示意图

第二步：纳税申报、缴税。纳税人登录网上申报软件填写增值税纳税申报表，进行网上申报。网上申报成功并通过税银联网实时扣缴税款。

第三步：清卡。申报成功后，纳税人返回开票系统，系统将进行自动清卡（见图 3-44）。清卡完成后才可以进行下一纳税期的发票的开具。

图 3-44　增值税纳税人清卡示意图

在整个纳税申报流程中，增值税纳税申报表的填列是重要的一环。请根据上述有关业务资料，填写增值税纳税申报表（见表 3-3 至表 3-7）。

表 3－3　增值税纳税申报表

（一般纳税人适用）

根据国家税收法律法规及增值税相关规定制定本表。纳税人不论有无销售额，均应按税务机关核定的纳税期限填写本表，并向当地税务机关申报。

税款所属时间：自　　年　月　日至　　年　月　日　　填表日期：　　年　月　日　　金额单位：元至角分

纳税人识别号				所属行业：		
纳税人名称	（公章）	法定代表人姓名		注册地址		生产经营地址	
开户银行及账号		登记注册类型			电话号码	

项目		栏次	一般项目		即征即退项目	
			本月数	本年累计	本月数	本年累计
销售额	（一）按适用税率计税销售额	1				
	其中：应税货物销售额	2				
	应税劳务销售额	3				
	纳税检查调整的销售额	4				
	（二）按简易办法计税销售额	5				
	其中：纳税检查调整的销售额	6				
	（三）免、抵、退办法出口销售额	7			—	—
	（四）免税销售额	8			—	—
	其中：免税货物销售额	9			—	—
	免税劳务销售额	10			—	—
税款计算	销项税额	11				
	进项税额	12				
	上期留抵税额	13		—		—
	进项税额转出	14				
	免、抵、退应退税额	15			—	—
	按适用税率计算的纳税检查应补缴税额	16			—	—
	应抵扣税额合计	17＝12＋13－14－15＋16		—		—
	实际抵扣税额	18（如 17＜11，则为 17，否则为 11）				

税款计算	应纳税额	19＝11－18				
	期末留抵税额	20＝17－18		—		—
	按简易计税办法计算的应纳税额	21				
	按简易计税办法计算的纳税检查应补缴税额	22			—	—
	应纳税额减征额	23				
	应纳税额合计	24＝19＋21－23				
税款缴纳	期初未缴税额（多缴为负数）	25				
	实收出口开具专用缴款书退税额	26			—	—
	本期已缴税额	27＝28＋29＋30＋31				
	①分次预缴税额	28		—		—
	②出口开具专用缴款书预缴税额	29		—	—	—
	③本期缴纳上期应纳税额	30				
	④本期缴纳欠缴税额	31				
	期末未缴税额（多缴为负数）	32＝24＋25＋26－27				
	其中：欠缴税额（≥0）	33＝25＋26－27		—		—
	本期应补（退）税额	34＝24－28－29		—		—
	即征即退实际退税额	35	—	—		
	期初未缴查补税额	36			—	—
	本期入库查补税额	37			—	—
	期末未缴查补税额	38＝16＋22＋36－37			—	—

授权声明	如果你已委托代理人申报，请填写下列资料： 为代理一切税务事宜，现授权 （地址） 为本纳税人的代理申报人，任何与本申报表有关的往来文件，都可寄予此人。 授权人签字：	申报人声明	本纳税申报表是根据国家税收法律法规及相关规定填报的，我确定它是真实的、可靠的、完整的。 声明人签字：

主管税务机关：　　　　　　　接收人：　　　　　　接收日期：

表 3-4 增值税纳税申报表附列资料（一）

（本期销售情况明细）

税款所属时间： 年 月 日至 年 月 日

纳税人名称：（公章） 金额单位：元至角分

项目及栏次				开具增值税专用发票		开具其他发票		未开具发票		纳税检查调整		合计			服务、不动产和无形资产扣除项目本期实际扣除金额	扣除后	
				销售额	销项（应纳）税额	销售额	销项（应纳）税额	销售额	销项（应纳）税额	销售额	销项（应纳）税额	销售额	销项（应纳）税额	价税合计		含税（免税）销售额	销项（应纳）税额
				1	2	3	4	5	6	7	8	9=1+3+5+7	10=2+4+6+8	11=9+10	12	13=11−12	14=13÷(100%+税率或征收率)×税率或征收率
一、一般计税方法计税	全部征税项目	13%税率的货物及加工修理修配劳务	1											—	—	—	—
		13%税率的服务、不动产和无形资产	2														
		13%税率	3	—	—	—	—	—	—	—	—	—	—	—	—	—	—
		9%税率的货物及加工修理修配劳务	4a											—	—	—	—
		9%税率的服务、不动产和无形资产	4b														
		6%税率	5														
	其中：即征即退项目	即征即退货物及加工修理修配劳务	6	—	—	—	—	—	—	—	—			—	—	—	—
		即征即退服务、不动产和无形资产	7	—	—	—	—	—	—	—	—						

续表

项目及栏次				开具增值税专用发票		开具其他发票		未开具发票		纳税检查调整		合计			服务、不动产和无形资产扣除项目本期实际扣除金额	扣除后	
				销售额	销项（应纳）税额	销售额	销项（应纳）税额	销售额	销项（应纳）税额	销售额	销项（应纳）税额	销售额	销项（应纳）税额	价税合计		含税（免税）销售额	销项（应纳）税额
				1	2	3	4	5	6	7	8	9=1+3+5+7	10=2+4+6+8	11=9+10	12	13=11−12	14=13÷(100%+税率或征收率)×税率或征收率
二、简易计税方法计税	全部征税项目	6%征收率	8							—	—			—	—	—	—
		5%征收率的货物及加工修理修配劳务	9a							—	—			—	—	—	—
		5%征收率的服务、不动产和无形资产	9b							—	—						
		4%征收率	10							—	—			—	—	—	—
		3%征收率的货物及加工修理修配劳务	11							—	—			—	—	—	—
		3%征收率的服务、不动产和无形资产	12							—	—						
		预征率　%	13a							—	—						
		预征率　%	13b							—	—						
		预征率　%	13c							—	—						
	其中：即征即退项目	即征即退货物及加工修理修配劳务	14	—	—	—	—	—	—	—	—			—	—	—	—
		即征即退服务、不动产和无形资产	15	—	—	—	—	—	—	—	—						

续表

项目及栏次			开具增值税专用发票		开具其他发票		未开具发票		纳税检查调整		合计			服务、不动产和无形资产扣除项目本期实际扣除金额	扣除后	
			销售额	销项（应纳）税额	销售额	销项（应纳）税额	销售额	销项（应纳）税额	销售额	销项（应纳）税额	销售额	销项（应纳）税额	价税合计		含税（免税）销售额	销项（应纳）税额
			1	2	3	4	5	6	7	8	9=1+3+5+7	10=2+4+6+8	11=9+10	12	13=11−12	14=13÷（100%+税率或征收率）×税率或征收率
三、免抵退税	货物及加工修理修配劳务	16	—	—		—		—	—	—		—	—	—	—	—
	服务、不动产和无形资产	17	—	—		—		—	—	—		—				—
四、免税	货物及加工修理修配劳务	18				—		—	—	—		—	—	—	—	—
	服务、不动产和无形资产	19	—	—		—		—	—	—		—				—

表3-5　增值税纳税申报表附列资料（二）

（本期进项税额明细）

税款所属时间：　年　月　日至　年　月　日

纳税人名称：（公章）　　　　　　　　　　　　　　　　　　金额单位：元至角分

一、申报抵扣的进项税额				
项目	栏次	份数	金额	税额
（一）认证相符的增值税专用发票	1=2+3			
其中：本期认证相符且本期申报抵扣	2			
前期认证相符且本期申报抵扣	3			
（二）其他扣税凭证	4=5+6+7+8a+8b			
其中：海关进口增值税专用缴款书	5			
农产品收购发票或者销售发票	6			
代扣代缴税收缴款凭证	7		—	
加计扣除农产品进项税额	8a	—	—	
其他	8b			
（三）本期用于购建不动产的扣税凭证	9			
（四）本期不动产允许抵扣进项税额	10	—	—	
（五）外贸企业进项税额抵扣证明	11	—	—	
当期申报抵扣进项税额合计	12=1+4-9+10+11			
二、进项税额转出额				
项目	栏次	税额		
本期进项税额转出额	13=14至23之和			
其中：免税项目用	14			
集体福利、个人消费	15			
非正常损失	16			
简易计税方法征税项目用	17			
免抵退税办法不得抵扣的进项税额	18			
纳税检查调减进项税额	19			
红字专用发票信息表注明的进项税额	20			
上期留抵税额抵减欠税	21			
上期留抵税额退税	22			
其他应作进项税额转出的情形	23			
三、待抵扣进项税额				
项目	栏次	份数	金额	税额
（一）认证相符的增值税专用发票	24	—	—	—
期初已认证相符但未申报抵扣	25			
本期认证相符且本期未申报抵扣	26			
期末已认证相符但未申报抵扣	27			
其中：按照税法规定不允许抵扣	28			

续表

项目	栏次	份数	金额	税额
（二）其他扣税凭证	29=30 至 33 之和			
其中：海关进口增值税专用缴款书	30			
农产品收购发票或者销售发票	31			
代扣代缴税收缴款凭证	32		—	
其他	33			
	34			
四、其他				
项目	栏次	份数	金额	税额
本期认证相符的增值税专用发票	35			
代扣代缴税额	36	—	—	

3.1.3　小规模纳税人增值税纳税申报模拟实训

本部分实训以长沙市金莱自行车制造有限公司为例，展示小规模纳税人增值税纳税申报全过程。

1. 基本信息

（1）模拟实训企业基本信息。

企业名称：长沙市金莱自行车制造有限公司

纳税人识别号：914301001597421761，自设顺序码（5 位数字，老师可根据学生的专业、班级、学号等实际情况进行安排）

法人名称：刘欣洁

纳税人编码：121500001962

经济性质：有限责任公司

财务负责人：程欧

开户银行：中国工商银行芙蓉区支行

开户账号：6000512456229

在职总人数：32

主管税务机关：长沙市芙蓉区税务局

办税员：程咏欣

企业社会保障号：854621348914753

邮政编码：510044

注册地址：长沙市芙蓉区远大路120号

营业地址：长沙市芙蓉区远大路120号

电话：0731-85210346

传真：0731-85210348

注册类型：150，有限责任公司

行业：3761，脚踏自行车及残疾人座车制造

信用度：A

监控标志：非重点税源户

增值税优惠：无

增值税纳税类型：小规模纳税人

增值税纳税期限：按季

所属行政区域：4301（湖南省长沙市）

投资性质：内资

企业所得税预缴申报类型：按季据实申报

消费税类型：无消费税

（2）期初信息设置（见表3-6）。

表3-6 期初信息

	项目	栏次	本年累计	
			货物及劳务	服务、不动产和无形资产
一、计税依据	（一）应征增值税不含税销售额（3%征收率）	1	108 310.45	
	税务机关代开的增值税专用发票不含税销售额	2		
	税控器具开具的普通发票不含税销售额	3		
	（二）应征增值税不含税销售额（5%征收率）	4	—	
	税务机关代开的增值税专用发票不含税销售额	5	—	
	税控器具开具的普通发票不含税销售额	6	—	
	（三）销售使用过的固定资产不含税销售额	7（7≥8）		—
	其中：税控器具开具的普通发票不含税销售额	8		—
	（四）免税销售额	9=10+11+12		
	其中：小微企业免税销售额	10		
	未达起征点销售额	11		
	其他免税销售额	12		
	（五）出口免税销售额	13（13≥14）		
	其中：税控器具开具的普通发票销售额	14		

续表

	项目	栏次	本年累计	
			货物及劳务	服务、不动产和无形资产
二、税款计算	本期应纳税额	15	3 249.31	
	本期应纳税额减征额	16		
	本期免税额	17		
	其中：小微企业免税额	18		
	未达起征点免税额	19		
	应纳税额合计	20=15−16	3 249.31	
	本期预缴税额	21	—	—
	本期应补（退）税额	22=20−21	3 249.31	—

(3) 供应商/客户资料管理。

供应商1：湖南省邵阳市大成农产品贸易公司；纳税人识别号：914305011837097451；地址、电话：湖南省邵阳市南门街路217号，0739−7315380；开户行及账号：邵阳市农行南门街路支行，6341208531093。

供应商2：湖南省浏阳富康贸易公司；纳税人识别号：914301811837023861；地址、电话：湖南省浏阳市火炬路210号，0731−87313120；开户行及账号：浏阳市农行火炬路支行，6210309120086。

供应商3：湖南省长沙市雨花区自来水公司；纳税人识别号：914301111837521021；地址、电话：湖南省长沙市雨花区开福路421号，0731−87385421；开户行及账号：长沙市农行雨花区开福路支行，6210808535310。

供应商4：湖南省长沙市雨花区供电公司；纳税人识别号：914301111837602591；地址、电话：湖南省长沙市雨花区桂元路312号，0731−87387320；开户行及账号：长沙市农行雨花区桂元路南门街路支行，6341208531093。

供应商5：长沙市天祥贸易有限公司；纳税人识别号：914301111838312021；地址、电话：长沙市芙蓉区西回路850号，0731−87850145；开户行及账号：中行西回路办事处，6104410568123。

(4) 客户资料①：

客户1：长沙市东南自行车贸易有限公司；纳税人识别号：914301111837089621；地址、电话：长沙市雨花区工业西路78号，0731−81015654；开户行及账号：工行工业西路支行，6210014858123；

客户2：长沙市天马修理厂；纳税人识别号：914301111837431081；地址、电话：长沙市芙蓉区工业路980号，0731−84854657；开户行账号：中行工业路办事处，6502512657114。

客户3：湖南省长沙市欣沙自行车销售有限公司；纳税人识别号：914301111837806211；

① 公司类型均为企业纳税人。

地址、电话：长沙市芙蓉区白马路898号，0731-85665444；开户行及账号：工行白马路支行，6541545124990。

客户4：长沙市联众自行车贸易有限公司；纳税人识别号：914301111837071231；地址、电话：长沙市开福区万年路963号，0731-86688544；开户行及账号：中行万年路办事处，6501665459878。

客户5：长沙市力天自行车贸易公司；纳税人识别号：914301111837612081；地址、电话：长沙市雨花区长城大马路101号，0731-85402456；开户行及账号：工行长城大马路支行，6455545787858。

客户6：长沙市金鑫百货有限公司；纳税人识别号：914301111837721051；地址、电话：长沙市芙蓉区环东北路983号，0731-85014810；开户行及账号：中行环东北路办事处，6314458545465。

（5）货物信息管理。

货物1：金莱自行车；货物编码：SP0001；税收分类编码：109031401；规格型号：（空）；计量单位：辆；是否含税：否；税率：3%；不含税单价：384.00元/辆。

货物2：金莱儿童车；货物编码：SP0002；税收分类编码：109031401；规格型号：（空）；计量单位：辆；是否含税：否；税率：3%；不含税单价：198.00元/辆。

货物3：自行车轮胎；货物编码：SP0003；税收分类编码：107050101；规格型号：（空）；计量单位：个；是否含税：否；税率：3%；不含税单价：60.00元/个。

货物4：金莱山地自行车；货物编码：SP0004；税收分类编码：109031401；规格型号：（空）；计量单位：辆；是否含税：否；税率：3%；不含税单价：438.00元/辆。

2. 有关销售业务资料

假设该公司20××年1—2月，适用3%征收率的不含税销售额共为68 000.00元，无其他适用税率的销售额，也无免税销售额。20××年3月发生如下业务：

1）1日，销售给长沙市东南自行车贸易有限公司金莱自行车20辆（不含税单价为384.00元/辆），金莱儿童车10辆（不含税单价为198.00元/辆）。开具普通发票一张，发票（凭证）代码为：4301163120，发票（凭证）号码为：01021600。

2）8日，销售给长沙市天马修理厂自行车外胎400个（不含税单价为60.00元/个）。开具普通发票一张，发票（凭证）代码为：4301163120，发票（凭证）号码为：01021601。

3）11日，销售给湖南省长沙市欣沙自行车销售有限公司金莱山地自行车10辆（不含税单价为438.00元/辆）。开具普通发票一张，发票（凭证）代码为：4301163120，发票（凭证）号码为：01021602。

4）15 日，湖南省长沙欣沙自行车销售有限公司退回金莱山地自行车 2 辆（不含税单价为 438.00 元/辆），经查明是质量问题。开具红字增值税普通发票一张，发票（凭证）代码为：4301163120，发票（凭证）号码为：01021603。

5）16 日，销售给长沙市联众自行车贸易有限公司金莱儿童车 50 辆（不含税单价为 198.00 元/辆）。开具普通发票一张，发票（凭证）代码为：4301163120，发票（凭证）号码为：01021604。

6）17 日，销售给长沙市力天自行车贸易公司自行车轮胎 50 个（不含税单价为 60.00 元/个）。开具普通发票一张，发票（凭证）代码为：4301163120，发票（凭证）号码为：01021605。

7）30 日，销售给长沙市金鑫百货有限公司金莱自行车 10 辆（不含税单价为 384.00 元/辆）、金莱儿童车 10 辆（不含税单价为 198.00 元/辆）、金莱山地自行车 5 辆（不含税单价为 438.00 元/辆）。开具普通发票一张，发票（凭证）代码为：4301163120，发票（凭证）号码为：01021606。

3. 实训任务

（1）增值税销售发票的开具。根据以上信息，填写图 3－45 至图 3－51。

（普票1）4301163120　　湖南增值税普通发票　　No 01021600

湖南

开票日期：　年　月　日

购货单位	名　　称： 纳税人识别号： 地址 、 电话： 开户行及账号：			密码区	4+89347/05-0/314-1*-+ 213-872*1+/646--64*7- 702*267192*2534651/6+　4400160620 991425376*17-9+33629*　74563213		
货物及应税劳务名称	规格型号	单位	数量	单价	金额	税率	税额
合计							
价税合计	（小写）						
销货单位	名　　称： 纳税人识别号： 地址 、 电话： 开户行及账号：			备注			
收款人：	复核：		开票人：		销货单位：（章）		

国税函　号湖南云翔实业公司

第一联：记账联　销货方记账凭证

图 3－45　增值税普通发票

（普票2）4301163120

湖南增值税普通发票

No 01021601

开票日期：　年　月　日

购货单位	名称： 纳税人识别号： 地址、电话： 开户行及账号：	密码区	4+89347/05-0/314-1*-+ 213-872*1+/646--64*7- 702*267192*2534651/6+　4400160620 991425376*17-9+33629*　74563213

货物及应税劳务名称	规格型号	单位	数量	单价	金额	税率	税额
合计							
价税合计	（小写）						

销货单位	名称： 纳税人识别号： 地址、电话： 开户行及账号：	备注	

收款人：　复核：　开票人：　销货单位：（章）

国税函　号湖南云翔实业公司

第一联：记账联销货方记账凭证

图 3-46　增值税普通发票

（普票3）4301163120

湖南增值税普通发票

No 01021602

开票日期：　年　月　日

购货单位	名称： 纳税人识别号： 地址、电话： 开户行及账号：	密码区	4+89347/05-0/314-1*-+ 213-872*1+/646--64*7- 702*267192*2534651/6+　4400160620 991425376*17-9+33629*　74563213

货物及应税劳务名称	规格型号	单位	数量	单价	金额	税率	税额
合计							
价税合计	（小写）						

销货单位	名称： 纳税人识别号： 地址、电话： 开户行及账号：	备注	

收款人：　复核：　开票人：　销货单位：（章）

国税函　号湖南云翔实业公司

第一联：记账联销货方记账凭证

图 3-47　增值税普通发票

（普票4）4301163120

湖南增值税普通发票

湖 南

全国统一发票监制章 国家税务总局监制

No 01021603

开票日期： 年 月 日

国税函 号 湖南云翔实业公司

购货单位	名 称： 纳税人识别号： 地址 、 电话： 开户行及账号：			密码区	4+89347/05-0/314-1*-+ 213-872*1+/646--64*7- 702*267192*2534651/6+ 4400160620 991425376*17-9+33629* 74563213		
货物及应税劳务名称	规格型号	单位	数量	单价	金额	税率	税额
合计							
价税合计	（小写）						
销货单位	名 称： 纳税人识别号： 地址 、 电话： 开户行及账号：			备注			

收款人： 复核： 开票人： 销货单位：（章）

第一联：记账联 销货方记账凭证

图 3－48 增值税普通发票

（普票5）4301163120

湖南增值税普通发票

湖 南

全国统一发票监制章 国家税务总局监制

No 01021604

开票日期： 年 月 日

国税函 号 湖南云翔实业公司

购货单位	名 称： 纳税人识别号： 地址 、 电话： 开户行及账号：			密码区	4+89347/05-0/314-1*-+ 213-872*1+/646--64*7- 702*267192*2534651/6+ 4400160620 991425376*17-9+33629* 74563213		
货物及应税劳务名称	规格型号	单位	数量	单价	金额	税率	税额
合计							
价税合计	（小写）						
销货单位	名 称： 纳税人识别号： 地址 、 电话： 开户行及账号：			备注			

收款人： 复核： 开票人： 销货单位：（章）

第一联：记账联 销货方记账凭证

图 3－49 增值税普通发票

（普票6）4301163120　　湖南增值税普通发票　　No 01021605

湖南

开票日期：　年　月　日

国税函　号湖南云翔实业公司

购货单位	名　称： 纳税人识别号： 地址、电话： 开户行及账号：				密码区	4+89347/05-0/314-1*-+ 213-872*1+/646--64*7- 702*267192*2534651/6+　4400160620 991425376*17-9+33629*　74563213		
货物及应税劳务名称	规格型号	单位	数量	单价	金额	税率	税额	
合计								
价税合计				（小写）				
销货单位	名　称： 纳税人识别号： 地址、电话： 开户行及账号：				备注			
收款人：		复核：		开票人：		销货单位：（章）		

第一联：记账联 销货方记账凭证

图3-50　增值税普通发票

（普票7）4301163120　　湖南增值税普通发票　　No 01021606

湖南

开票日期：　年　月　日

国税函　号湖南云翔实业公司

购货单位	名　称： 纳税人识别号： 地址、电话： 开户行及账号：				密码区	4+89347/05-0/314-1*-+ 213-872*1+/646--64*7- 702*267192*2534651/6+　4400160620 991425376*17-9+33629*　74563213		
货物及应税劳务名称	规格型号	单位	数量	单价	金额	税率	税额	
合计								
价税合计				（小写）				
销货单位	名　称： 纳税人识别号： 地址、电话： 开户行及账号：				备注			
收款人：		复核：		开票人：		销货单位：（章）		

第一联：记账联 销货方记账凭证

图3-51　增值税普通发票

（2）增值税纳税申报表的填列。根据以上信息，填写表3-7和表3-8。

表3-7　增值税纳税申报表

（小规模纳税人适用）

纳税人识别号：□□□□□□□□□□□□□□□□□□

纳税人名称：（公章）　　　　　　　　　　　　　　　　　　　　金额单位：元至角分

税款所属期：　　年　月　日至　　年　月　日　　　　　填表日期：　年　月　日

	项目	栏次	本期数		本年累计	
			货物及劳务	服务、不动产和无形资产	货物及劳务	服务、不动产和无形资产
一、计税依据	（一）应征增值税不含税销售额（3%征收率）	1				
	税务机关代开的增值税专用发票不含税销售额	2				
	税控器具开具的普通发票不含税销售额	3				
	（二）应征增值税不含税销售额（5%征收率）	4	—		—	
	税务机关代开的增值税专用发票不含税销售额	5	—		—	
	税控器具开具的普通发票不含税销售额	6	—		—	
	（三）销售使用过的固定资产不含税销售额	7（7≥8）		—		—
	其中：税控器具开具的普通发票不含税销售额	8		—		—
	（四）免税销售额	9=10+11+12				
	其中：小微企业免税销售额	10				
	未达起征点销售额	11				
	其他免税销售额	12				
	（五）出口免税销售额	13(13≥14)				
	其中：税控器具开具的普通发票销售额	14				
二、税款计算	本期应纳税额	15				
	本期应纳税额减征额	16				
	本期免税额	17				
	其中：小微企业免税额	18				
	未达起征点免税额	19				
	应纳税额合计	20=15-16				
	本期预缴税额	21			—	—
	本期应补（退）税额	22=20-21			—	—

纳税人或代理人声明：	如纳税人填报，由纳税人填写以下各栏：
本纳税申报表是根据国家税收法律法规及相关规定填报的，我确定它是真实的、可靠的、完整的。	办税人员：　　　　财务负责人： 法定代表人：　　　　联系电话：
	如委托代理人填报，由代理人填写以下各栏：
	代理人名称（公章）：　　　　经办人： 联系电话：

主管税务机关：　　　　　　接收人：　　　　　　接收日期：

表3-8　增值税纳税申报表（小规模纳税人适用）附列资料

税款所属期：　　年　月　日至　　年　月　日　　　　　　填表日期：　　年　月　日

纳税人名称：（公章）　　　　　　　　　　　　　　　　　金额单位：元至角分

应税行为（3%征收率）扣除额计算			
期初余额	本期发生额	本期扣除额	期末余额
1	2	3（3≤（1+2），且3≤5）	4=1+2-3
应税行为（3%征收率）计税销售额计算			
全部含税收入（适用3%征收率）	本期扣除额	含税销售额	不含税销售额
5	6=3	7=5-6	8=7÷1.03
应税行为（5%征收率）扣除额计算			
期初余额	本期发生额	本期扣除额	期末余额
9	10	11（11≤(9+10)，且11≤13)	12=9+10-11
应税行为（5%征收率）计税销售额计算			
全部含税收入（适用5%征收率）	本期扣除额	含税销售额	不含税销售额
13	14=11	15=13-14	16=15÷1.05

3.2　消费税纳税申报模拟实训

国家税务局核定了消费税类型的企业，当发生消费税应税项目活动时需要进行消费税的纳税申报，企业税务会计人员在工作中需要完成销售发票的开具及消费税纳税申报表的填写与审核。由于消费税发票的开具过程已经在增值税实训部分得到了体现，因此本部分实训全真模拟消费税纳税申报的全过程，让学生以企业税务会计人员的身份模拟完成消费税纳税申报。通过实训了解消费税纳税申报表数据的勾稽关系，掌握对消费税纳税申报表数据查错及修改的能力，从而对企业税务会计工作岗位有一个更加直观的理解和认识。

1. 主要实训内容

（1）填写消费税纳税申报表主表及附列资料；

(2) 审核消费税纳税申报表主表及附列资料；

(3) 完成消费税的纳税申报。

2. 实训目标

(1) 了解消费税纳税申报表的类型；

(2) 了解各类型消费税纳税申报表中各数据之间的勾稽关系；

(3) 掌握各类型消费税纳税申报表的填写及审核操作并完成消费税的纳税申报；

(4) 培养各类型消费税纳税申报表主表及附列资料的审核及查错、修改能力。

3.2.1 消费税相关概述

1. 消费税的概念

消费税是以消费品的流转额作为课税对象的一种流转税，是政府向消费品征收的税项，可从生产商、批发商或零售商征收。消费税是典型的间接税。消费税实行价内税，一般只在应税消费品的生产、委托加工和进口环节缴纳，在以后的批发、零售等环节，因为价款中已包含消费税，因此不再缴纳，税款最终由消费者承担。但目前我国在征收消费税时，对于卷烟除了在生产环节征收消费税外，还在批发环节加征一道消费税。自2016年12月1日起，对于超豪华小汽车在生产（进口）环节按现行税率征收消费税基础上，在零售环节加征10%的消费税。

2. 消费税的计算

虽然同为流转税，但消费税与增值税在计算时存在很大的区别。增值税税率为比例税率，在计算应纳税额时，采用的是从价定率的方法。而消费税的税率有三种：比例税率、定额税率和混合税率，在计算时采用的是从价定率、从量定额和混合计征的方法。

尽管计算方法上增值税与消费税有一定差别，但在从价计征的部分，消费税与增值税却采用一样的税基，都是不含税销售额即不含增值税、含消费税的销售额。

应缴消费税＝应税数量×定额税率(从量定额)

应缴消费税＝不含税销售额或组成计税价×比例税率(从价定率)

$$\text{应缴消费税}=\frac{\text{不含税销售额}}{\text{或组成计税价}}\times\text{比例税率}+\frac{\text{应税}}{\text{数量}}\times\text{定额税率(混合计征)}$$

消费税在计算时，通常不允许抵扣，但如果纳税义务人用外购或委托加工收回的已税应税消费品生产加工成另一种应税消费品时，为了避免重复征税，在计算当期应纳消费税时，允许按当期生产耗用的应税消费品的消费税予以扣除。此时准予扣除的消费税为：

$$\text{当期准予扣除的外购应税消费品已纳税额}=\text{当期准予扣除的外购应税消费品买价}\times\text{外购应税消费品适用税率}$$

$$\text{当期准予扣除的委托加工应税消费品已纳税额}=\text{期初库存的委托加工应税消费品已纳税款}+\text{当期收回的委托加工应税消费品已纳税款}-\text{期末库存的委托加工应税消费品已纳税款}$$

3. 消费税纳税义务人

根据《中华人民共和国消费税暂行条例》的规定，消费税的纳税人为在中国境内生产、委托加工和进口应税消费品的单位和个人。“单位”包括国有企业、股份制企业、外商投资企业和外国企业等。“个人”是指个体经营者及其他个人。“境内”是指生产、委托加工和进口应税消费品的起运地或所在地在中国境内。

具体来说，消费税纳税人包括：生产应税消费品的单位和个人；进口应税消费品的单位和个人；委托加工应税消费品的单位和个人。其中，委托加工的应税消费品由受托方于委托方提货时代扣代缴（受托方为个体经营者的除外），自产自用的应税消费品由自产自用单位和个人在移送使用时缴纳消费税。

3.2.2 消费税纳税申报模拟实训

税务会计人员必须在规定的期限内向主管税务机关报送企业当期应纳消费税税额的书面申请报告。消费税的纳税申报表根据税目分为：烟类应税消费品消费税纳税申报表；卷烟应税消费品消费税纳税申报表（批发）；酒类应税消费品消费税纳税申报表；小汽车应税消费品消费税纳税申报表；其他应税消费品消费税纳税申报表等。

1. 模拟实训公司有关业务资料

本部分实训仍以湖南省仁源酒业股份有限公司为例，展示其消费税纳税申报的全过程。公司发生的业务数据资料参见3.1.2节。

2. 消费税纳税申报表的填列

填列酒类应税消费品消费税纳税申报表（见表3－9）和生产经营情况表（见表3－10）。

表3-9　酒类应税消费品消费税纳税申报表

税款所属期：　　　年　月　日至　　年　月　日

纳税人名称（公章）：　　　　　　纳税人识别号：□□□□□□□□□□□□□□□□□□

填表日期：　年　月　日　　　　　　　　　　金额单位：元（列至角分）

项目 应税消费品名称	适用税率		销售数量	销售额	应纳税额
	定额税率	比例税率			
粮食白酒	0.5元/斤	20%			
薯类白酒	0.5元/斤	20%			
啤酒	250元/吨	—			
啤酒	220元/吨	—			
黄酒	240元/吨	—			
其他酒	—	10%			
合计	—	—	—	—	

本期准予抵减税额： 本期减（免）税额： 期初未缴税额：	声明 此纳税申报表是根据国家税收法律的规定填报的，我确定它是真实的、可靠的、完整的。 经办人（签章）： 财务负责人（签章）： 联系电话：
本期缴纳前期应纳税额： 本期预缴税额： 本期应补（退）税额： 期末未缴税额：	（如果你已委托代理人申报，请填写） 授权声明 为代理一切税务事宜，现授权______（地址）______为本纳税人的代理申报人，任何与本申报表有关的往来文件，都可寄予此人。 授权人签章：

以下由税务机关填写

受理人（签章）：　受理日期：　年　月　日　　受理税务机关（章）：

表3-10　生产经营情况表

税款所属期：　　　年　月　日至　　年　月　日

纳税人名称（公章）：　　　　　　纳税人识别号：□□□□□□□□□□□□□□□□□□

填表日期：　年　月　日　　　　　　　　　　金额单位：元（列至角分）

应税消费品名称 项目	粮食白酒	薯类白酒	啤酒（适用税率250元/吨）	啤酒（适用税率220元/吨）	黄酒	其他酒
生产数量						
销售数量						
委托加工收回酒类应税消费品直接销售数量						
委托加工收回酒类应税消费品直接销售额						
出口免税销售数量						
出口免税销售额						

第4章

所得税纳税申报模拟实训

所得税是目前我国税制体系中与流转税并重的一个税种。它是以纳税人的各种应纳税所得额为征税对象的一种税。

对纳税人的应纳税所得额进行征税，便于调节国家与纳税人的利益分配关系，能使国家、企业、个人三者的利益分配关系很好地结合起来。科学合理的所得税可以促进社会经济的健康发展，保证国家财政收入的稳定增长，调动纳税人的积极性。所得税的特点是：征税对象不是一般收入，而是总收入扣除各种成本费用及其他允许扣除项目以后的应纳税所得额；征税数额受成本、费用、利润高低的影响较大。目前我国所得税分为企业所得税和个人所得税两类。

4.1 企业所得税纳税申报模拟实训

除缴个人所得税的个人独资企业、合伙人是自然人的合伙企业以及享受免税政策的少数企业以外，都必须进行企业所得税的纳税申报。

本部分实训要求学生以企业税务会计人员的身份全真模拟企业所得税纳税申报的全过程。通过实训了解所得税纳税申报表数据的勾稽关系，掌握对纳税申报表数据查错及修改的能力。

1. 主要实训内容

(1) 熟练掌握企业所得税季度预缴纳税申报表的填列、审核与申报；

(2) 熟练掌握企业所得税年度纳税申报表的填列、审核与申报。

2. 实训目标

（1）了解企业所得税的理论知识，能熟练进行企业所得税纳税调整；

（2）掌握企业所得税季度预缴纳税申报表的填写方法，完成企业所得税季度预缴纳税申报表的填列及申报；

（3）掌握企业所得税年度纳税申报表主表及各附表的填写方法，完成企业所得税年度纳税申报表主表及各附表的填列及申报。

4.1.1　企业所得税相关概述

1. 企业所得税的纳税义务人

企业所得税是指对中华人民共和国境内的企业和其他取得收入的组织以其生产经营所得为课税对象所征收的一种所得税。缴纳企业所得税的企业包括居民企业和非居民企业，个人独资企业及合伙企业除外。

《中华人民共和国企业所得税法》所称的居民企业是指依照中国法律、法规在中国境内成立或者实际管理机构在中国境内的企业。居民企业应就其来源于我国境内外的所得缴纳企业所得税。

非居民企业是指依照外国（地区）法律、法规成立且实际管理机构不在中国境内，但在中国境内设立机构、场所的，或者在中国境内未设立机构、场所，但有来源于中国境内所得的企业。非居民企业只就其来源于中国境内的所得缴纳企业所得税。

2. 企业所得税的征收

企业所得税的征收有查账征收和核定征收两种方式。对会计核算和管理符合税法要求的企业，采用查账征收方式。在查账征收方式下，凡是具有法人资格的企业都必须单独申报缴纳企业所得税（国务院另有规定的除外），企业之间不得合并缴纳企业所得税。企业在进行所得税纳税申报时，应根据企业所得税法与企业会计准则在收入、成本费用确认和计量方面存在的差异，将利润表中的利润总额调整为应纳税所得额。

核定征收方式是按照公平、公正、公开原则，根据企业所得税纳税人的生产经营行业特点，综合考虑企业的地理位置、经营规模、收入水平、利润水平等因素，核定应纳税所得额或者应税所得率，从而确定应纳所得税额，或者直接核定应纳所得税额。具体的核定方法由主管税务机关审核确定。

3. 企业所得税的申报时间

《中华人民共和国企业所得税法》第五十四条规定，企业所得税分月或者分季预缴。企业应当自月份或者季度终了之日起十五日内，向税务机关报送企业所得税月（季）度预缴纳税申报表，预缴所得税税款。企业应当自年度终了之日起五个月内，向税务机关报送年度企业所得税纳税申报表，并汇算清缴，结清应缴应退税款。

预缴企业所得税时，企业应当按照月度或者季度的实际利润额预缴。“实际利润额”是按会计准则规定核算的利润总额加特定业务计算的应纳税所得额减去不征税收入和税基减免应纳税所得额、固定资产加速折旧（扣除）调减额以及以前年度待弥补亏损额。

按照月度或者季度的实际利润额预缴有困难的，可以按照上一纳税年度应纳税所得额的月度或者季度平均额预缴，或者按照经税务机关认可的其他方法预缴。预缴方法一经确定，该纳税年度内不得随意变更。

4.1.2　企业所得税纳税申报表填列实训

本部分实训仍以湖南省仁源酒业股份有限公司为例。该公司企业所得税申报采用季度预缴申报、年度汇算清缴申报的方式。

1. 企业所得税按季度预缴申报实训

该部分实训要求学生能够根据数据资料完成企业所得税按季度预缴申报工作。

（1）业务数据资料。20××年1—3月，取得营业收入6 540 000元，发生营业成本4 800 000元，利润总额为800 000元。没有发生特定业务，也不存在以前年度未弥补亏损额。

（2）企业所得税月（季）度预缴纳税申报表的填列（见表4-1）。

表4-1　A200000　中华人民共和国企业所得税月（季）度预缴纳税申报表（A类）

税款所属期间：　　年　　月　　日至　　年　　月　　日

纳税人识别号（统一社会信用代码）：□□□□□□□□□□□□□□□□□□□□□□

纳税人名称：　　　　　　　　　　　　　　　　金额单位：人民币元（列至角分）

预缴方式	□ 按照实际利润额预缴	□ 按照上一纳税年度应纳税所得额平均额预缴	□ 按照税务机关确定的其他方法预缴
企业类型	□ 一般企业	□ 跨地区经营汇总纳税企业总机构	□ 跨地区经营汇总纳税企业分支机构

<table>
<tr><td colspan="4">预缴税款计算</td></tr>
<tr><td>行次</td><td colspan="2">项目</td><td>本年累计金额</td></tr>
<tr><td>1</td><td colspan="2">营业收入</td><td></td></tr>
<tr><td>2</td><td colspan="2">营业成本</td><td></td></tr>
<tr><td>3</td><td colspan="2">利润总额</td><td></td></tr>
<tr><td>4</td><td colspan="2">加：特定业务计算的应纳税所得额</td><td></td></tr>
<tr><td>5</td><td colspan="2">减：不征税收入</td><td></td></tr>
<tr><td>6</td><td colspan="2">减：免税收入、减计收入、所得减免等优惠金额（填写 A201010）</td><td></td></tr>
<tr><td>7</td><td colspan="2">减：固定资产加速折旧（扣除）调减额（填写 A201020）</td><td></td></tr>
<tr><td>8</td><td colspan="2">减：弥补以前年度亏损</td><td></td></tr>
<tr><td>9</td><td colspan="2">实际利润额（3＋4－5－6－7－8）\按照上一纳税年度应纳税所得额平均额确定的应纳税所得额</td><td></td></tr>
<tr><td>10</td><td colspan="2">税率（25%）</td><td></td></tr>
<tr><td>11</td><td colspan="2">应纳所得税额（9×10）</td><td></td></tr>
<tr><td>12</td><td colspan="2">减：减免所得税额（填写 A201030）</td><td></td></tr>
<tr><td>13</td><td colspan="2">减：实际已缴纳所得税额</td><td></td></tr>
<tr><td>14</td><td colspan="2">减：特定业务预缴（征）所得税额</td><td></td></tr>
<tr><td>15</td><td colspan="2">本期应补（退）所得税额（11－12－13－14）\税务机关确定的本期应纳所得税额</td><td></td></tr>
<tr><td colspan="4">汇总纳税企业总分机构税款计算</td></tr>
<tr><td>16</td><td rowspan="4">总机构填报</td><td>总机构本期分摊应补（退）所得税额（17＋18＋19）</td><td></td></tr>
<tr><td>17</td><td>其中：总机构分摊应补（退）所得税额（15×总机构分摊比例____%）</td><td></td></tr>
<tr><td>18</td><td>财政集中分配应补（退）所得税额（15×财政集中分配比例____%）</td><td></td></tr>
<tr><td>19</td><td>总机构具有主体生产经营职能的部门分摊所得税额（15×全部分支机构分摊比例____%×总机构具有主体生产经营职能部门分摊比例____%）</td><td></td></tr>
<tr><td>20</td><td rowspan="2">分支机构填报</td><td>分支机构本期分摊比例</td><td></td></tr>
<tr><td>21</td><td>分支机构本期分摊应补（退）所得税额</td><td></td></tr>
</table>

<table>
<tr><td colspan="4">附报信息</td></tr>
<tr><td>小型微利企业</td><td>□是　□否</td><td>科技型中小企业</td><td>□是　□否</td></tr>
<tr><td>高新技术企业</td><td>□是　□否</td><td>技术入股递延纳税事项</td><td>□是　□否</td></tr>
<tr><td>期末从业人数</td><td colspan="3"></td></tr>
<tr><td colspan="4">谨声明：此纳税申报表是根据《中华人民共和国企业所得税法》《中华人民共和国企业所得税法实施条例》以及有关税收政策和国家统一会计制度的规定填报的，是真实的、可靠的、完整的。
法定代表人（签章）：　　年　月　日</td></tr>
</table>

纳税人公章： 会计主管： 填表日期：　年　月　日	代理申报中介机构公章： 经办人： 经办人执业证件号码： 代理申报日期：　年　月　日	主管税务机关受理专用章： 受理人： 受理日期：　年　月　日

国家税务总局监制

2. 企业所得税年度汇算清缴申报实训

该部分实训要求学生能够根据数据资料完成企业所得税年度汇算清缴申报工作。

（1）业务数据资料。20××年全年公司进行会计处理的业务数据资料如下。[①]

1）全年收入及利得账户记录如表4-2所示。

表4-2 全年收入及利得账户记录

账户名称	金额（元）	备注
营业收入	29 948 950.00	来自销售商品的主营业务收入为29 846 748.00元；来自销售材料的其他业务收入为102 202.00元。
公允价值变动损益	−6 800.00	当年将一项交易性金融资产转让，其初始投资成本为640 100.00元，转让收入为642 000.00元，并且转让时已实现公允价值变动收益6 800.00元。
投资收益	101 900.00	当年实际取得国债利息收入100 000.00元；转让上述交易性金融资产，取得投资收益1 900.00元。
营业外收入	62 250.00	当年出售无形资产（专利）取得净收益62 250.00元（不符合免税条件），该项无形资产的账面原值为500 000.00元，累计摊销为150 000.00元，其中本年度摊销50 000.00元，每年摊销100 000.00元，且不存在财税差异。

2）全年成本费用损失账户记录如表4-3所示。

表4-3 全年成本费用损失账户记录

账户名称	金额（元）	备注
营业成本	10 794 083.65	销售商品的主营业务成本为10 708 835.65元；销售材料的其他业务成本为85 248.00元。
税金及附加	915 000.00	
销售费用	3 281 757.56	具体明细如表4-4所示。
管理费用	5 102 436.76	具体明细如表4-4所示。
财务费用	98 108.48	佣金和手续费为28 086.86元，利息支出为70 021.62元（均符合税前扣除条件）。
资产减值损失	131 000.00	其中：期末应收账款计提坏账准备为31 000.00元；其他资产计提减值准备为100 000.00元。
营业外支出	1 033 000.00	全部为捐赠支出。

3）管理费用和销售费用明细账如表4-4所示。

① 本公司无以前年度未弥补亏损，也无境外所得，本年累计实际已预缴的所得税额为2 072 357.41元。

表4-4　管理费用和销售费用明细账　　单位：元

管理费用明细账		销售费用明细账	
办公费用	1 300 000.00	办公费用	120 100.00
董事会费	711 445.38	差旅费	663 091.17
差旅费	790 519.14	折旧	138 624.28
职工薪酬	687 578.61	职工薪酬	757 271.17
其中：工资薪金	566 400.00	其中：工资薪金	613 200.00
职工福利费	81 803.97	职工福利费	88 563.20
职工工会经费	11 303.17	职工工会经费	12 237.12
职工教育经费	14 031.47	职工教育经费	15 190.85
职工基本社会保险费	14 040.00	职工基本社会保险费	28 080.00
折旧	305 286.77	广告、业务宣传费	1 602 670.94
无形资产摊销	50 000.00	其中：电视广播广告	1 250 000.00
		报刊广告	190 000.00
		其他媒体广告	120 207.94
		市场推广	42 463.00（农博会捐赠）
研发费用	280 000.00	合计	3 281 757.56
业务招待费	118 744.00	注：以前年度累计未扣除的广告费支出为12 000.00元	
相关税费	439 431.43		
其他费用	419 431.43		
合计	5 102 436.76		

4）有关账户数据说明：

①全年实际发放工资薪金4 516 800.00元（全部为合理的工资薪金支出）；全年实际发生福利费652 352.00元；全年发生工会经费90 138.00元；全年发生职工教育经费111 895.00元（全部为按税收规定比例扣除的职工教育经费）；全年发生职工基本社会保险费76 440.00元（未超过扣除标准，允许全额扣除）。

②会计账面上固定资产的原值（与原始的计税基础一致）：房屋建筑物为9 428 167.55元，机器设备为4 570 000.00元，电子设备为1 796 433.90元，固定资产无调整的价值。会计账面上年初累计折旧：房屋建筑物为4 765 348.56元，机器设备为3 652 867.80元，电子设备为718 573.56元；按税法要求的年初累计折旧：房屋建筑物为4 714 083.80元，机器设备为3 602 000.00元，电子设备为898 216.95元。

③全年会计上计提的固定资产折旧分别计入制造费用、管理费用和销售费用，其中：房屋建筑物计提折旧490 382.37元；机器设备计提折旧465 286.78元；电子设备计提折旧359 286.78元。

④因为税法规定折旧年限与会计上折旧年限的不同，全年按税法规定应计提的折旧为：房屋建筑物折旧471 408.38元，机器设备折旧460 200.00元，电子设备折旧

449 108.48 元。

⑤全年企业坏账准备账面期初余额为 25 000.00 元；本期收回前期已转销的坏账为 10 000.00 元；企业按期末应收账款和其他应收款的余额的 2%计提坏账准备，期末应收账款和其他应收款的余额合计 3 300 000.00 元，期末计提坏账准备 31 000.00 元（主管税务机关不批准税前扣除）。

⑥全年企业通过中国红十字会向四川省凉山州木里县山黄镇灾区捐赠 870 000.00 元，通过中国红十字会向湖南省衡阳市常宁县五家镇灾区捐赠 100 000.00 元；通过中华文化社会发展基金会向广州市图书馆捐赠 50 200.00 元（税法规定可按不超过年度利润总额 12%的部分准予扣除）；直接给祁连小学捐赠 12 800.00 元。

⑦向湖南省第十届农业博览会组委会捐赠自产仁源白酒（30 度）40 箱，不含税单价为 400.00 元/箱；仁源白酒（40 度）30 箱，不含税单价为 430.00 元/箱；仁源白酒（50 度）30 箱，不含税单价为 500.00 元/箱；仁源保健酒 20 箱，不含税单价为 300.00 元/箱。商品市场价值总计 49 900.00 元（不含税价），成本为 24 000.00 元，会计上计入销售费用，税法也认可作为市场推广支出，计入销售费用。

⑧技术开发费用为本年度开发药酒新产品而发生的费用（研发活动直接消耗的材料、燃料和动力费用分别为 200 000.00 元、50 000.00 元、30 000.00 元），共计 280 000.00 元，尚未形成无形资产，会计上计入当期损益（符合加计扣除条件）。

（2）企业所得税年度纳税申报表及相应附表的填列。根据以上资料填写和审核企业所得税年度纳税申报表主表及相应附表（见表 4－5 至表 4－19）。

表 4－5　中华人民共和国企业所得税年度纳税申报表

（A类）

税款所属期间：　　年　月　日至　　年　月　日

纳税人识别号
（统一社会信用代码）：□□□□□□□□□□□□□□□□□□

纳税人名称：

金额单位：人民币元（列至角分）

谨声明：本纳税申报表是根据国家税收法律法规及相关规定填报的，是真实的、可靠的、完整的。

纳税人（签章）：　　　年　月　日

经办人：	受理人：
经办人身份证号：	受理税务机关（章）：
代理机构签章：	受理日期：　年　月　日

国家税务总局监制

表 4-6　企业所得税年度纳税申报表填报表单

表单编号	表单名称	是否填报
A000000	企业所得税年度纳税申报基础信息表	√
A100000	中华人民共和国企业所得税年度纳税申报表（A 类）	√
A101010	一般企业收入明细表	□
A101020	金融企业收入明细表	□
A102010	一般企业成本支出明细表	□
A102020	金融企业支出明细表	□
A103000	事业单位、民间非营利组织收入、支出明细表	□
A104000	期间费用明细表	□
A105000	纳税调整项目明细表	□
A105010	视同销售和房地产开发企业特定业务纳税调整明细表	□
A105020	未按权责发生制确认收入纳税调整明细表	□
A105030	投资收益纳税调整明细表	□
A105040	专项用途财政性资金纳税调整明细表	□
A105050	职工薪酬支出及纳税调整明细表	□
A105060	广告费和业务宣传费跨年度纳税调整明细表	□
A105070	捐赠支出及纳税调整明细表	□
A105080	资产折旧、摊销及纳税调整明细表	□
A105090	资产损失税前扣除及纳税调整明细表	□
A105100	企业重组及递延纳税事项纳税调整明细表	□
A105110	政策性搬迁纳税调整明细表	□
A105120	特殊行业准备金及纳税调整明细表	□
A106000	企业所得税弥补亏损明细表	□
A107010	免税、减计收入及加计扣除优惠明细表	□
A107011	符合条件的居民企业之间的股息、红利等权益性投资收益优惠明细表	□
A107012	研发费用加计扣除优惠明细表	□
A107020	所得减免优惠明细表	□
A107030	抵扣应纳税所得额明细表	□
A107040	减免所得税优惠明细表	□
A107041	高新技术企业优惠情况及明细表	□
A107042	软件、集成电路企业优惠情况及明细表	□
A107050	税额抵免优惠明细表	□
A108000	境外所得税收抵免明细表	□
A108010	境外所得纳税调整后所得明细表	□
A108020	境外分支机构弥补亏损明细表	□
A108030	跨年度结转抵免境外所得税明细表	□
A109000	跨地区经营汇总纳税企业年度分摊企业所得税明细表	□
A109010	企业所得税汇总纳税分支机构所得税分配表	□
说明：企业应当根据实际情况选择需要填报的表单。		

表4-7　企业所得税年度纳税申报基础信息表

A000000

企业所得税年度纳税申报基础信息表

基本经营情况（必填项目）			
101 纳税申报企业类型（填写代码）		102 分支机构就地纳税比例（%）	
103 资产总额（填写平均值，单位：万元）		104 从业人数（填写平均值，单位：人）	
105 所属国民经济行业（填写代码）		106 从事国家限制或禁止行业	□是 □否
107 适用会计准则或会计制度（填写代码）		108 采用一般企业财务报表格式（2018年版）	□是 □否
109 小型微利企业	□是 □否	110 上市公司	是（□境内 □境外）□否
有关涉税事项情况（存在或者发生下列事项时必填）			
201 从事股权投资业务	□是	202 存在境外关联交易	□是
203 选择采用的境外所得抵免方式	□分国（地区）不分项　□不分国（地区）不分项		
204 有限合伙制创业投资企业的法人合伙人	□是	205 创业投资企业	□是
206 技术先进型服务企业类型（填写代码）		207 非营利组织	□是
208 软件、集成电路企业类型（填写代码）		209 集成电路生产项目类型	□130纳米 □65纳米
210 科技型中小企业	210—1 ___年（申报所属期年度）入库编号1	210—2 入库时间1	
	210—3 ___年（所属期下一年度）入库编号2	210—4 入库时间2	
211 高新技术企业申报所属期年度有效的高新技术企业证书	211—1 证书编号1	211—2 发证时间1	
	211—3 证书编号2	211—4 发证时间2	
212 重组事项税务处理方式	□一般性□特殊性	213 重组交易类型（填写代码）	
214 重组当事方类型（填写代码）		215 政策性搬迁开始时间	___年__月
216 发生政策性搬迁且停止生产经营无所得年度	□是	217 政策性搬迁损失分期扣除年度	□是
218 发生非货币性资产对外投资递延纳税事项	□是	219 非货币性资产对外投资转让所得递延纳税年度	□是
220 发生技术成果投资入股递延纳税事项	□是	221 技术成果投资入股递延纳税年度	□是
222 发生资产（股权）划转特殊性税务处理事项	□是	223 债务重组所得递延纳税年度	□是

主要股东及分红情况（必填项目）

股东名称	证件种类	证件号码	投资比例（%）	当年（决议日）分配的股息、红利等权益性投资收益金额	国籍（注册地址）
其余股东合计	—	—			—

表 4-8　企业所得税年度纳税申报表

A100000　　中华人民共和国企业所得税年度纳税申报表（A 类）

行次	类别	项　目	金　额
1	利润总额计算	一、营业收入（填写 A101010＼101020＼103000）	
2		减：营业成本（填写 A102010＼102020＼103000）	
3		减：税金及附加	
4		减：销售费用（填写 A104000）	
5		减：管理费用（填写 A104000）	
6		减：财务费用（填写 A104000）	
7		减：资产减值损失	
8		加：公允价值变动收益	
9		加：投资收益	
10		二、营业利润（1－2－3－4－5－6－7＋8＋9）	
11		加：营业外收入（填写 A101010＼101020＼103000）	
12		减：营业外支出（填写 A102010＼102020＼103000）	
13		三、利润总额（10＋11－12）	
14	应纳税所得额计算	减：境外所得（填写 A108010）	
15		加：纳税调整增加额（填写 A105000）	
16		减：纳税调整减少额（填写 A105000）	
17		减：免税、减计收入及加计扣除（A107010）	
18		加：境外应税所得抵减境内亏损（A108000）	
19		四、纳税调整后所得（13－14＋15－16－17＋18）	
20		减：所得减免（填写 A107020）	
21		减：弥补以前年度亏损（填写 A106000）	
22		减：抵扣应纳税所得额（填写 A107030）	
23		五、应纳税所得额（19－20－21－22）	
24	应纳税额计算	税率（25%）	
25		六、应纳所得税额（23×24）	
26		减：减免所得税额（填写 A107040）	
27		减：抵免所得税额（填写 A107050）	
28		七、应纳税额（25－26－27）	
29		加：境外所得应纳所得税额（填写 A108000）	
30		减：境外所得抵免所得税额（填写 A108000）	
31		八、实际应纳所得税额（28＋29－30）	
32		减：本年累计实际已预缴的所得税额	
33		九、本年应补（退）所得税额（31－32）	
34		其中：总机构分摊本年应补（退）所得税额（填写 A109000）	
35		财政集中分配本年应补（退）所得税额（填写 A109000）	
36		总机构主体生产经营部门分摊本年应补（退）所得税额（填写 A109000）	

表4-9　一般企业收入明细表

A101010　　一般企业收入明细表

行次	项　目	金　额
1	一、营业收入（2+9）	
2	（一）主营业务收入（3+5+6+7+8）	
3	1. 销售商品收入	
4	其中：非货币性资产交换收入	
5	2. 提供劳务收入	
6	3. 建造合同收入	
7	4. 让渡资产使用权收入	
8	5. 其他	
9	（二）其他业务收入（10+12+13+14+15）	
10	1. 销售材料收入	
11	其中：非货币性资产交换收入	
12	2. 出租固定资产收入	
13	3. 出租无形资产收入	
14	4. 出租包装物和商品收入	
15	5. 其他	
16	二、营业外收入（17+18+19+20+21+22+23+24+25+26）	
17	（一）非流动资产处置利得	
18	（二）非货币性资产交换利得	
19	（三）债务重组利得	
20	（四）政府补助利得	
21	（五）盘盈利得	
22	（六）捐赠利得	
23	（七）罚没利得	
24	（八）确实无法偿付的应付款项	
25	（九）汇兑收益	
26	（十）其他	

表4-10　一般企业成本支出明细表

A102010　　一般企业成本支出明细表

行次	项　目	金　额
1	一、营业成本（2+9）	
2	（一）主营业务成本（3+5+6+7+8）	
3	1. 销售商品成本	
4	其中：非货币性资产交换成本	
5	2. 提供劳务成本	
6	3. 建造合同成本	
7	4. 让渡资产使用权成本	
8	5. 其他	
9	（二）其他业务成本（10+12+13+14+15）	
10	1. 材料销售成本	
11	其中：非货币性资产交换成本	
12	2. 出租固定资产成本	
13	3. 出租无形资产成本	

续表

行次	项　目	金　额
14	4. 包装物出租成本	
15	5. 其他	
16	二、营业外支出（17＋18＋19＋20＋21＋22＋23＋24＋25＋26）	
17	（一）非流动资产处置损失	
18	（二）非货币性资产交换损失	
19	（三）债务重组损失	
20	（四）非常损失	
21	（五）捐赠支出	
22	（六）赞助支出	
23	（七）罚没支出	
24	（八）坏账损失	
25	（九）无法收回的债券股权投资损失	
26	（十）其他	

表 4－11　期间费用明细表

A104000　　期间费用明细表

行次	项　目	销售费用	其中：境外支付	管理费用	其中：境外支付	财务费用	其中：境外支付
		1	2	3	4	5	6
1	一、职工薪酬		*		*	*	*
2	二、劳务费					*	*
3	三、咨询顾问费					*	*
4	四、业务招待费		*		*	*	*
5	五、广告费和业务宣传费		*		*	*	*
6	六、佣金和手续费						
7	七、资产折旧摊销费		*		*	*	*
8	八、财产损耗、盘亏及毁损损失		*		*	*	*
9	九、办公费		*		*	*	*
10	十、董事会费		*		*	*	*
11	十一、租赁费					*	*
12	十二、诉讼费		*		*	*	*
13	十三、差旅费		*		*	*	*
14	十四、保险费		*		*	*	*
15	十五、运输、仓储费					*	*
16	十六、修理费					*	*
17	十七、包装费		*		*	*	*
18	十八、技术转让费					*	*
19	十九、研究费用					*	*
20	二十、各项税费		*		*	*	*
21	二十一、利息收支	*	*	*	*		
22	二十二、汇兑差额	*	*	*	*		
23	二十三、现金折扣	*	*	*	*		*
24	二十四、党组织工作经费	*	*		*	*	*
25	二十五、其他						
26	合计（1＋2＋3＋…＋25）						

表4-12　纳税调整项目明细表

A105000　　纳税调整项目明细表

行次	项　目	账载金额	税收金额	调增金额	调减金额
		1	2	3	4
1	一、收入类调整项目（2+3+…+8+10+11）	*	*		
2	（一）视同销售收入（填写A105010）	*			*
3	（二）未按权责发生制原则确认的收入（填写A105020）				
4	（三）投资收益（填写A105030）				
5	（四）按权益法核算长期股权投资对初始投资成本调整确认收益	*	*	*	
6	（五）交易性金融资产初始投资调整	*	*		*
7	（六）公允价值变动净损益		*		
8	（七）不征税收入	*	*		
9	其中：专项用途财政性资金（填写A105040）	*	*		
10	（八）销售折扣、折让和退回				
11	（九）其他				
12	二、扣除类调整项目（13+14+…+24+26+27+28+29+30）	*	*		
13	（一）视同销售成本（填写A105010）	*		*	
14	（二）职工薪酬（填写A105050）				
15	（三）业务招待费支出				*
16	（四）广告费和业务宣传费支出（填写A105060）	*	*		
17	（五）捐赠支出（填写A105070）				
18	（六）利息支出				
19	（七）罚金、罚款和被没收财物的损失		*		*
20	（八）税收滞纳金、加收利息		*		*
21	（九）赞助支出		*		*
22	（十）与未实现融资收益相关在当期确认的财务费用				
23	（十一）佣金和手续费支出				*
24	（十二）不征税收入用于支出所形成的费用	*	*		*
25	其中：专项用途财政性资金用于支出所形成的费用（填写A105040）	*	*		*
26	（十三）跨期扣除项目				
27	（十四）与取得收入无关的支出		*		*
28	（十五）境外所得分摊的共同支出	*	*		*
29	（十六）党组织工作经费				
30	（十七）其他				
31	三、资产类调整项目（32+33+34+35）	*	*		
32	（一）资产折旧、摊销（填写A105080）				
33	（二）资产减值准备金		*		
34	（三）资产损失（填写A105090）				
35	（四）其他				
36	四、特殊事项调整项目（37+38+…+42）	*	*		

续表

行次	项　目	账载金额	税收金额	调增金额	调减金额
		1	2	3	4
37	（一）企业重组及递延纳税事项（填写 A105100）				
38	（二）政策性搬迁（填写 A105110）	*	*		
39	（三）特殊行业准备金（填写 A105120）				
40	（四）房地产开发企业特定业务计算的纳税调整额（填写 A105010）	*			
41	（五）合伙企业法人合伙人应分得的应纳税所得额				
42	（六）其他	*	*		
43	五、特别纳税调整应税所得	*	*		
44	六、其他	*	*		
45	合计（1＋12＋31＋36＋43＋44）	*	*		

表4-13　视同销售和房地产开发企业特定业务纳税调整明细表

A105010　　视同销售和房地产开发企业特定业务纳税调整明细表

行次	项　目	税收金额	纳税调整金额
		1	2
1	一、视同销售（营业）收入（2＋3＋4＋5＋6＋7＋8＋9＋10）		
2	（一）非货币性资产交换视同销售收入		
3	（二）用于市场推广或销售视同销售收入		
4	（三）用于交际应酬视同销售收入		
5	（四）用于职工奖励或福利视同销售收入		
6	（五）用于股息分配视同销售收入		
7	（六）用于对外捐赠视同销售收入		
8	（七）用于对外投资项目视同销售收入		
9	（八）提供劳务视同销售收入		
10	（九）其他		
11	二、视同销售（营业）成本（12＋13＋14＋15＋16＋17＋18＋19＋20）		
12	（一）非货币性资产交换视同销售成本		
13	（二）用于市场推广或销售视同销售成本		
14	（三）用于交际应酬视同销售成本		
15	（四）用于职工奖励或福利视同销售成本		
16	（五）用于股息分配视同销售成本		
17	（六）用于对外捐赠视同销售成本		
18	（七）用于对外投资项目视同销售成本		
19	（八）提供劳务视同销售成本		
20	（九）其他		
21	三、房地产开发企业特定业务计算的纳税调整额（22－26）		
22	（一）房地产企业销售未完工开发产品特定业务计算的纳税调整额（24－25）		
23	1. 销售未完工产品的收入		*
24	2. 销售未完工产品预计毛利额		
25	3. 实际发生的税金及附加、土地增值税		
26	（二）房地产企业销售的未完工产品转完工产品特定业务计算的纳税调整额（28－29）		
27	1. 销售未完工产品转完工产品确认的销售收入		*
28	2. 转回的销售未完工产品预计毛利额		
29	3. 转回实际发生的税金及附加、土地增值税		

表 4-14　职工薪酬支出及纳税调整明细表

A105050

职工薪酬支出及纳税调整明细表

行次	项目	账载金额	实际发生额	税收规定扣除率	以前年度累计结转扣除额	税收金额	纳税调整金额	累计结转以后年度扣除额
		1	2	3	4	5	6（1－5）	7（2＋4－5）
1	一、工资薪金支出			*	*			*
2	其中：股权激励			*	*			*
3	二、职工福利费支出				*			*
4	三、职工教育经费支出			*				
5	其中：按税收规定比例扣除的职工教育经费							
6	按税收规定全额扣除的职工培训费用				*			*
7	四、工会经费支出				*			*
8	五、各类基本社会保障性缴款			*	*			*
9	六、住房公积金			*	*			*
10	七、补充养老保险				*			*
11	八、补充医疗保险				*			*
12	九、其他			*	*			*
13	合计（1＋3＋4＋7＋8＋9＋10＋11＋12）			*				

表 4－15　广告费和业务宣传费跨年度纳税调整明细表

A105060　　广告费和业务宣传费跨年度纳税调整明细表

行次	项　目	金　额
1	一、本年广告费和业务宣传费支出	
2	减：不允许扣除的广告费和业务宣传费支出	
3	二、本年符合条件的广告费和业务宣传费支出（1－2）	
4	三、本年计算广告费和业务宣传费扣除限额的销售收入	
5	税收规定扣除率	
6	四、本企业计算的广告费和业务宣传费扣除限额（4×5）	
7	五、本年结转以后年度扣除额（3>6，本行＝3－6；3≤6，本行＝0）	
8	加：以前年度累计结转扣除额	
9	减：本年扣除的以前年度结转额（3>6，本行＝0；3≤6，本行＝8 或（6－3）孰小值）	
10	六、按照分摊协议归集至其他关联方的广告费和业务宣传费（10≤3 或 6 孰小值）	
11	按照分摊协议从其他关联方归集至本企业的广告费的业务宣传费	
12	七、本年广告费和业务宣传费支出纳税调整金额（3>6，本行＝2＋3－6＋10－11；3≤6，本行＝2＋10－11－9）	
13	八、累计结转以后年度扣除额（7＋8－9）	

表 4－16　捐赠支出及纳税调整明细表

A105070　　捐赠支出及纳税调整明细表

行次	项　目	账载金额	以前年度结转可扣除的捐赠额	按税收规定计算的扣除限额	税收金额	纳税调增金额	纳税调减金额	可结转以后年度扣除的捐赠额
		1	2	3	4	5	6	7
1	一、非公益性捐赠		*	*	*		*	*
2	二、全额扣除的公益性捐赠		*	*		*	*	*
3	三、限额扣除的公益性捐赠（4＋5＋6＋7）							
4	前三年度（　　年）	*		*	*	*		*
5	前二年度（　　年）	*		*	*	*		
6	前一年度（　　年）	*		*	*	*		
7	本　　年（　　年）		*				*	
8	合计（1＋2＋3）							

表 4-17　免税、减计收入及加计扣除优惠明细表

A107010　　免税、减计收入及加计扣除优惠明细表

行次	项　目	金　额
1	一、免税收入（2+3+6+7+8+9+10+11+12+13+14+15+16）	
2	（一）国债利息收入免征企业所得税	
3	（二）符合条件的居民企业之间的股息、红利等权益性投资收益免征企业所得税（填写 A107011）	
4	其中：内地居民企业通过沪港通投资且连续持有 H 股满 12 个月取得的股息红利所得免征企业所得税（填写 A107011）	
5	内地居民企业通过深港通投资且连续持有 H 股满 12 个月取得的股息红利所得免征企业所得税（填写 A107011）	
6	（三）符合条件的非营利组织的收入免征企业所得税	
7	（四）符合条件的非营利组织（科技企业孵化器）的收入免征企业所得税	
8	（五）符合条件的非营利组织（国家大学科技园）的收入免征企业所得税	
9	（六）中国清洁发展机制基金取得的收入免征企业所得税	
10	（七）投资者从证券投资基金分配中取得的收入免征企业所得税	
11	（八）取得的地方政府债券利息收入免征企业所得税	
12	（九）中国保险保障基金有限责任公司取得的保险保障基金等收入免征企业所得税	
13	（十）中国奥委会取得北京冬奥组委支付的收入免征企业所得税	
14	（十一）中国残奥委会取得北京冬奥组委分期支付的收入免征企业所得税	
15	（十二）其他 1	
16	（十三）其他 2	
17	二、减计收入（18+19+23+24）	
18	（一）综合利用资源生产产品取得的收入在计算应纳税所得额时减计收入	
19	（二）金融、保险等机构取得的涉农利息、保费减计收入（20+21+22）	
20	1. 金融机构取得的涉农贷款利息收入在计算应纳税所得额时减计收入	
21	2. 保险机构取得的涉农保费收入在计算应纳税所得额时减计收入	
22	3. 小额贷款公司取得的农户小额贷款利息收入在计算应纳税所得额时减计收入	
23	（三）取得铁路债券利息收入减半征收企业所得税	
24	（四）其他	
25	三、加计扣除（26+27+28+29+30）	
26	（一）开发新技术、新产品、新工艺发生的研究开发费用加计扣除（填写 A107012）	
27	（二）科技型中小企业开发新技术、新产品、新工艺发生的研究开发费用加计扣除（填写 A107012）	
28	（三）企业为获得创新性、创意性、突破性的产品进行创意设计活动而发生的相关费用加计扣除	
29	（四）安置残疾人员所支付的工资加计扣除	
30	（五）其他	
31	合计（1+17+25）	

表 4-18 资产折旧、摊销及纳税调整明细表

A105080

资产折旧、摊销及纳税调整明细表

行次	项目		账载金额			税收金额					纳税调整金额
			资产原值	本年折旧、摊销额	累计折旧、摊销额	资产计税基础	税收折旧、摊销额	享受加速折旧政策的资产按税收一般规定计算的折旧、摊销额	加速折旧、摊销统计额	累计折旧、摊销额	
			1	2	3	4	5	6	7=5-6	8	9（2-5）
1	一、固定资产（2+3+4+5+6+7）							*	*		
2	所有固定资产	（一）房屋、建筑物						*	*		
3		（二）飞机、火车、轮船、机器、机械和其他生产设备						*	*		
4		（三）与生产经营活动有关的器具、工具、家具等						*	*		
5		（四）飞机、火车、轮船以外的运输工具						*	*		
6		（五）电子设备						*	*		
7		（六）其他						*	*		
8	其中：享受固定资产加速折旧及一次性扣除政策的资产加速折旧额大于一般折旧额的部分	（一）重要行业固定资产加速折旧（不含一次性扣除）									*
9		（二）其他行业研发设备加速折旧									*
10		（三）固定资产一次性扣除									*
11		（四）技术进步、更新换代固定资产									*
12		（五）常年强震动、高腐蚀固定资产									*
13		（六）外购软件折旧									*
14		（七）集成电路企业生产设备									*
15	二、生产性生物资产（16+17）							*	*		
16	（一）林木类							*	*		
17	（二）畜类							*	*		

续表

行次	项目	账载金额			税收金额					纳税调整金额
		资产原值	本年折旧、摊销额	累计折旧、摊销额	资产计税基础	税收折旧、摊销额	享受加速折旧政策的资产按税收一般规定计算的折旧、摊销额	加速折旧、摊销统计额	累计折旧、摊销额	
		1	2	3	4	5	6	7=5−6	8	9（2−5）
18	三、无形资产（19+20+21+22+23+24+25+27）						*	*		
19	（一）专利权						*	*		
20	（二）商标权						*	*		
21	（三）著作权						*	*		
22	（四）土地使用权						*	*		
23	（五）非专利技术						*	*		
24	（六）特许权使用费						*	*		
25	（七）软件						*	*		
26	其中：享受企业外购软件加速摊销政策									*
27	（八）其他						*	*		
28	四、长期待摊费用（29+30+31+32+33）						*	*		
29	（一）已足额提取折旧的固定资产的改建支出						*	*		
30	（二）租入固定资产的改建支出						*	*		
31	（三）固定资产的大修理支出						*	*		
32	（四）开办费						*	*		
33	（五）其他						*	*		
34	五、油气勘探投资						*	*		
35	六、油气开发投资						*	*		
36	合计（1+15+18+28+34+35）									
附列资料	全民所有制企业公司制改制资产评估增值政策资产					*	*			

表4－19　研发费用加计扣除优惠明细表

A107012　　研发费用加计扣除优惠明细表

行次	项目	金额（数量）
1	本年可享受研发费用加计扣除项目数量	
2	一、自主研发、合作研发、集中研发（3＋7＋16＋19＋23＋34）	
3	（一）人员人工费用（4＋5＋6）	
4	1. 直接从事研发活动人员工资薪金	
5	2. 直接从事研发活动人员五险一金	
6	3. 外聘研发人员的劳务费用	
7	（二）直接投入费用（8＋9＋10＋11＋12＋13＋14＋15）	
8	1. 研发活动直接消耗材料费用	
9	2. 研发活动直接消耗燃料费用	
10	3. 研发活动直接消耗动力费用	
11	4. 用于中间试验和产品试制的模具、工艺装备开发及制造费	
12	5. 用于不构成固定资产的样品、样机及一般测试手段购置费	
13	6. 用于试制产品的检验费	
14	7. 用于研发活动的仪器、设备的运行维护、调整、检验、维修等费用	
15	8. 通过经营租赁方式租入的用于研发活动的仪器、设备租赁费	
16	（三）折旧费用（17＋18）	
17	1. 用于研发活动的仪器的折旧费	
18	2. 用于研发活动的设备的折旧费	
19	（四）无形资产摊销（20＋21＋22）	
20	1. 用于研发活动的软件的摊销费用	
21	2. 用于研发活动的专利权的摊销费用	
22	3. 用于研发活动的非专利技术（包括许可证、专有技术、设计和计算方法等）的摊销费用	
23	（五）新产品设计费等（24＋25＋26＋27）	
24	1. 新产品设计费	
25	2. 新工艺规程制定费	
26	3. 新药研制的临床试验费	
27	4. 勘探开发技术的现场试验费	
28	（六）其他相关费用（29＋30＋31＋32＋33）	
29	1. 技术图书资料费、资料翻译费、专家咨询费、高新科技研发保险费	
30	2. 研发成果的检索、分析、评议、论证、鉴定、评审、评估、验收费用	
31	3. 知识产权的申请费、注册费、代理费	
32	4. 职工福利费、补充养老保险费、补充医疗保险费	
33	5. 差旅费、会议费	
34	（七）经限额调整后的其他相关费用	
35	二、委托研发（36＋37＋39）	
36	（一）委托境内机构或个人进行研发活动所发生的费用	
37	（二）委托境外机构进行研发活动发生的费用	
38	其中：允许加计扣除的委托境外机构进行研发活动发生的费用	

续表

行次	项目	金额（数量）
39	（三）委托境外个人进行研发活动发生的费用	
40	三、年度研发费用小计（2+36×80%+38）	
41	（一）本年费用化金额	
42	（二）本年资本化金额	
43	四、本年形成无形资产摊销额	
44	五、以前年度形成无形资产本年摊销额	
45	六、允许扣除的研发费用合计（41+43+44）	
46	减：特殊收入部分	
47	七、允许扣除的研发费用抵减特殊收入后的金额（45－46）	
48	减：当年销售研发活动直接形成产品（包括组成部分）对应的材料部分	
49	减：以前年度销售研发活动直接形成产品（包括组成部分）对应材料部分结转金额	
50	八、加计扣除比例（%）	
51	九、本年研发费用加计扣除总额（47－48－49）×50	
52	十、销售研发活动直接形成产品（包括组成部分）对应材料部分结转以后年度扣减金额（当47－48－49≥0，本行＝0；当47－48－49＜0，本行＝47－48－49的绝对值）	

4.2 个人所得税纳税申报模拟实训

个人所得税是国家对本国公民、居住在本国境内的个人的所得和境外个人来源于本国的所得征收的一种所得税。

本部分实训要求学生掌握个人所得税纳税申报的全过程；熟悉不同情况下个人所得税应纳税额的计算和纳税申报表的填制。

1. 主要实训内容

（1）不同情况下个人所得税应纳税额的计算；

（2）个人所得税纳税申报表的填列、审核与申报。

2. 实训目标

（1）熟悉个人所得税的相关政策规定，熟练掌握个人所得税应纳税额的计算；

（2）熟练掌握个人所得税纳税申报表的填写方法，完成个人所得税纳税申报表的填列和申报工作。

4. 2. 1　个人所得税相关概述

1. 个人所得税的纳税义务人和扣缴义务人

根据《中华人民共和国个人所得税法》的规定，个人所得税，以所得人为纳税义务人，以支付所得的单位或者个人为扣缴义务人。具体来说，在中国境内有住所，或者无住所而在境内居住满 183 天的个人为个人所得税纳税义务人，从中国境内和境外取得的全部所得，依照本法规定缴纳个人所得税；在中国境内无住所又不居住或者无住所而在境内居住不满 183 天的个人也为个人所得税的纳税义务人，只就其来自于中国境内取得的所得，依照本法规定缴纳个人所得税。除自然人外，个人独资企业、合伙人是自然人的合伙企业也为个人所得税的纳税义务人。单位或个人对企事业单位的承包经营、承租经营所得也应缴纳个人所得税。为了更好地进行税源管理，个人所得税一般由支付所得的单位或者个人为扣缴义务人。

2. 个人所得税的征收

扣缴义务人每月所扣的税款，自行申报纳税人每月应纳的税款，都应当在次月十五日内缴入国库，并向税务机关报送纳税申报表。

工资、薪金所得应纳的税款，按月计征，由扣缴义务人或者纳税义务人在次月十五日内缴入国库，并向税务机关报送纳税申报表。特定行业的工资、薪金所得应纳的税款，可以实行按年计算、分月预缴的方式计征，具体办法由国务院规定。

个体工商户的生产、经营所得应纳的税款，按年计算，分月预缴，由纳税义务人在次月十五日内预缴，年度终了后三个月内汇算清缴，多退少补。

对企事业单位的承包经营、承租经营所得应纳的税款，按年计算，由纳税义务人在年度终了后三十日内缴入国库，并向税务机关报送纳税申报表。纳税义务人在一年内分次取得承包经营、承租经营所得的，应当在取得每次所得后的十五日内预缴，年度终了后三个月内汇算清缴，多退少补。

从中国境外取得所得的纳税义务人，应当在年度终了后三十日内，将应纳的税款缴入国库，并向税务机关报送纳税申报表。

4. 2. 2　个人所得税纳税申报表填列实训

自主创业浪潮下，个体工商户日益发展壮大，成为社会经济发展中不可或缺的经营主体，个人所得税的申报缴纳也成为其生产经营中的一项重要工作。本部分实训以个体工商户就其生产经营所得缴纳个人所得税进行模拟实训。

个体工商户生产经营所得缴纳个人所得税可以采用查账征收和核定征收两种方式，本书仅以查账征收为例。

根据《中华人民共和国个人所得税法实施条例》的相关规定，实行查账征收的个体工商户、个人独资企业、合伙企业，纳税人应在次月（季）十五日内办理预缴纳税申报，可以采取据实预缴或按上年应纳税所得额预缴两种方式；在年度终了后三个月内办理个人所得税年度纳税申报。本书以据实预缴为例。

1. 个人所得税按季度预缴申报实训

该部分实训要求学生能够根据数据资料完成个人所得税按季度预缴申报工作。

（1）个体工商户基本信息资料。

个体工商户名称：长沙市新食尚饭店

经营者姓名：李子云；身份证号码：430181197810120838

经营场所：湖南省长沙市雨花区幸福路141号；联系电话：0731-87345671

税务登记号：914301111837780231；注册资金数额：8万元

经营范围：中式餐饮、酒水饮料；组织形式：个体经营

从业人员：4人（包含经营者）；邮政编码：410112

业主李子云为独生子女，有两个老人需要赡养，目前贷款购买一套住房，尚有5年贷款还款期。李子云有两个未成年子女，一个上初中，一个上小学，由业主申报附加扣除。

（2）业务数据资料。20××年1—3月，长沙市新食尚饭店取得营业收入223 196.21元，发生成本费用160 847.89元，利润总额为62 348.32元，每月实际支付4名员工工资18 000元（其中业主每月工资8 000元），为员工缴纳“五险一金”7 920元，业主每月自付基本养老保险640元、失业保险80元、基本医疗保险160元、住房公积金560元。不存在以前年度未弥补亏损额。

（3）个人所得税月（季）度预缴纳税申报表的填列（见表4-20）。

表4-20 个人所得税经营所得纳税申报表（A表）

税款所属期：　　年　月　日至　　年　月　日

纳税人姓名：

纳税人识别号：□□□□□□□□□□□□□□□□□□□□　　　　金额单位：人民币元（列至角分）

被投资单位信息	名称		纳税人识别号（统一社会信用代码）	
征收方式	□查账征收（据实预缴）　□查账征收（按上年应纳税所得额预缴） □核定应税所得率征收　□核定应纳税所得额征收 □税务机关认可的其他方式________			

项目	行次	金额/比例
一、收入总额	1	
二、成本费用	2	
三、利润总额（3=1-2）	3	
四、弥补以前年度亏损	4	
五、应税所得率（%）	5	
六、合伙企业个人合伙人分配比例（%）	6	
七、允许扣除的个人费用及其他扣除（7=8+9+14）	7	
（一）投资者减除费用	8	
（二）专项扣除（9=10+11+12+13）	9	
1. 基本养老保险费	10	
2. 基本医疗保险费	11	
3. 失业保险费	12	
4. 住房公积金	13	
（三）依法确定的其他扣除（14=15+16+17）	14	
1.	15	
2.	16	
3.	17	
八、应纳税所得额	18	
九、税率（%）	19	
十、速算扣除数	20	
十一、应纳税额（21=18×19-20）	21	
十二、减免税额（附报《个人所得税减免税事项报告表》）	22	
十三、已缴税额	23	
十四、应补/退税额（24=21-22-23）	24	
谨声明：本表是根据国家税收法律法规及相关规定填报的，是真实的、可靠的、完整的。 纳税人签字：　　　　年　　月　　日		
经办人： 经办人身份证件号码： 代理机构签章： 代理机构统一社会信用代码：	受理人： 受理税务机关（章）： 受理日期：　　年　　月　　日	

国家税务总局监制

2. 个人所得税年度汇算清缴申报实训

该部分实训要求学生能够根据数据资料完成个人所得税年度汇算清缴申报工作。

(1) 业务数据资料。20××年全年该个体工商户进行会计处理的业务数据资料如下。

1）全年收入及成本费用账户记录如表4－21所示。

表4－21　全年收入及成本费用账户记录

账户名称	金额（元）	备注
营业收入	812 378.36	
营业成本	295 756.48	
营业费用	58 745.24	全部为广告费和业务宣传费。
管理费用	273 600.00	包含：(1) 用于家庭旅游的支出27 800.00元；(2) 为从业人员缴纳的个人所得税984.36元；(3) 投资者工资薪金支出96 000.00元。
财务费用	724.35	全部为手续费支出。
税金	2 564.28	
其他支出	10 000.00	为8月10日直接向湖南省长沙市雨花区养老院捐赠现金10 000.00元。

2）有关账户数据说明：

①全年实际发放工资薪金216 000.00元；全年实际发生福利费1 000.00元；全年发生职工教育经费6 400.00元；全年为员工支付五险一金95 040元（允许全额扣除）。

②全年实际发生业务招待费8 600.00元。

③无以前年度未弥补亏损，本年被投资单位累计实际已预缴的个人所得税税额为23 786.48元。

（2）个人所得税年度纳税申报表的填列。根据以上资料填写和审核个人所得税年度纳税申报表（见表4－22）。

表4－22　个人所得税经营所得纳税申报表（B表）

税款所属期：　　　年　月　日至　　年　月　日

纳税人姓名：

纳税人识别号：□□□□□□□□□□□□□□□□□□□□□□□　　　　金额单位：人民币元（列至角分）

被投资单位信息	名称		纳税人识别号（统一社会信用代码）	

项目	行次	金额/比例
一、收入总额	1	
其中：国债利息收入	2	
二、成本费用（3=4+5+6+7+8+9+10）	3	
（一）营业成本	4	
（二）营业费用	5	
（三）管理费用	6	
（四）财务费用	7	
（五）税金	8	

续表

项目	行次	金额/比例
（六）损失	9	
（七）其他支出	10	
三、利润总额（11＝1－2－3）	11	
四、纳税调整增加额（12＝13＋27）	12	
（一）超过规定标准的扣除项目金额（13＝14＋15＋16＋17＋18＋19＋20＋21＋22＋23＋24＋25＋26）	13	
1. 职工福利费	14	
2. 职工教育经费	15	
3. 工会经费	16	
4. 利息支出	17	
5. 业务招待费	18	
6. 广告费和业务宣传费	19	
7. 教育和公益事业捐赠	20	
8. 住房公积金	21	
9. 社会保险费	22	
10. 折旧费用	23	
11. 无形资产摊销	24	
12. 资产损失	25	
13. 其他	26	
（二）不允许扣除的项目金额（27＝28＋29＋30＋31＋32＋33＋34＋35＋36）	27	
1. 个人所得税税款	28	
2. 税收滞纳金	29	
3. 罚金、罚款和被没收财物的损失	30	
4. 不符合扣除规定的捐赠支出	31	
5. 赞助支出	32	
6. 用于个人和家庭的支出	33	
7. 与取得生产经营收入无关的其他支出	34	
8. 投资者工资薪金支出	35	
9. 其他不允许扣除的支出	36	
五、纳税调整减少额	37	
六、纳税调整后所得（38＝11＋12－37）	38	
七、弥补以前年度亏损	39	
八、合伙企业个人合伙人分配比例（％）	40	
九、允许扣除的个人费用及其他扣除（41＝42＋43＋48＋55）	41	
（一）投资者减除费用	42	
（二）专项扣除（43＝44＋45＋46＋47）	43	
1. 基本养老保险费	44	
2. 基本医疗保险费	45	
3. 失业保险费	46	
4. 住房公积金	47	

续表

项目	行次	金额/比例
（三）专项附加扣除（48＝49＋50＋51＋52＋53＋54）	48	
1. 子女教育	49	
2. 继续教育	50	
3. 大病医疗	51	
4. 住房贷款利息	52	
5. 住房租金	53	
6. 赡养老人	54	
（四）依法确定的其他扣除（55＝56＋57＋58＋59）	55	
1. 商业健康保险	56	
2. 税延养老保险	57	
3.	58	
4.	59	
十、投资抵扣	60	
十一、准予扣除的个人捐赠支出	61	
十二、应纳税所得额（62＝38－39－41－60－61）或［62＝(38－39)×40－41－60－61］	62	
十三、税率（％）	63	
十四、速算扣除数	64	
十五、应纳税额（65＝62×63－64）	65	
十六、减免税额（附报《个人所得税减免税事项报告表》）	66	
十七、已缴税额	67	
十八、应补/退税额（68＝65－66－67）	68	

谨声明：本表是根据国家税收法律法规及相关规定填报的，是真实的、可靠的、完整的。 纳税人签字：　　年　月　日	
经办人： 经办人身份证件号码： 代理机构签章： 代理机构统一社会信用代码：	受理人： 受理税务机关（章）： 受理日期：　　年　月　日

国家税务总局监制

第 5 章

其他小税种的纳税申报模拟实训

5.1 城市维护建设税和教育费附加纳税申报模拟实训

城市维护建设税和教育费附加是流转环节的小税种，是伴随流转税产生的，是流转税的附加税。根据相关税法规定：凡缴纳增值税、消费税的单位和个人，都是城市维护建设税和教育费附加的纳税义务人（以下简称纳税人），都应当依照相关规定缴纳城市维护建设税和教育费附加。

在具体计算时，城市维护建设税和教育费附加都以纳税人实际缴纳的增值税、消费税税额为计税依据，分别与增值税、消费税同时缴纳。

1. 主要实训内容

（1）计算城市维护建设税应纳税额并填写城市维护建设税纳税申报表；

（2）计算教育费附加应纳税额并填写教育费附加纳税申报表。

2. 实训目标

（1）掌握城市维护建设税的计算及纳税申报表的填列；

（2）掌握教育费附加的计算及纳税申报表的填列。

5.1.1 业务数据资料

本部分实训仍以湖南省仁源酒业股份有限公司为例，展示其城市维护建设税与教育费附加的纳税申报的全过程。公司发生的业务数据资料仍然参见第 3 章 3.1.2 节，请根据业务数据资料填写以下纳税申报表。城市维护建设税的税率为7%，教育费附加的税率为3%，地方教育附加的税率为2%。

5.1.2 纳税申报表的填列

城市维护建设税、教育费附加、地方教育附加纳税申报表如表5-1所示。

表5-1 城建税、教育费附加、地方教育附加税（费）申报表

税款所属期限：自 年 月 日至 年 月 日 填表日期： 年 月 日

纳税人识别号： 金额单位：元至角分

<table>
<tr><td rowspan="3">纳税人信息</td><td>名 称</td><td colspan="5"></td><td colspan="4">单位□ 个人□</td></tr>
<tr><td>登记注册类型</td><td colspan="4"></td><td colspan="2">所属行业</td><td colspan="3"></td></tr>
<tr><td>身份证号码</td><td colspan="4"></td><td colspan="2">联系方式</td><td colspan="3"></td></tr>
<tr><td rowspan="3">税（费）种</td><td colspan="4">计税（费）依据</td><td rowspan="2">税率（征收率）</td><td rowspan="2">本期应纳税（费）额</td><td colspan="2">本期减免税（费）额</td><td rowspan="2">本期已缴税（费）额</td><td rowspan="2">本期应补（退）税（费）额</td></tr>
<tr><td>增值税
一般增值税</td><td>免抵税额</td><td>消费税</td><td>合计</td><td>减免性质代码</td><td>减免额</td></tr>
<tr><td>1</td><td>2</td><td>3</td><td>4=1+2+3</td><td>5</td><td>6=4×5</td><td>7</td><td>8</td><td>9</td><td>10=6−8−9</td></tr>
<tr><td>城建税</td><td></td><td></td><td></td><td></td><td></td><td></td><td></td><td></td><td></td><td></td></tr>
<tr><td>教育费附加</td><td></td><td></td><td></td><td></td><td></td><td></td><td></td><td></td><td></td><td></td></tr>
<tr><td>地方教育附加</td><td></td><td></td><td></td><td></td><td></td><td></td><td></td><td></td><td></td><td></td></tr>
<tr><td></td><td></td><td></td><td></td><td></td><td></td><td></td><td></td><td></td><td></td><td></td></tr>
<tr><td>合计</td><td></td><td></td><td></td><td></td><td></td><td></td><td></td><td></td><td></td><td></td></tr>
<tr><td colspan="11">以下由纳税人填写：</td></tr>
<tr><td>纳税人声明</td><td colspan="10">此纳税申报表是根据《中华人民共和国城市维护建设税暂行条例》《国务院征收教育费附加的暂行规定》《财政部关于统一地方教育附加政策有关问题的通知》和国家有关税收规定填报的，是真实的、可靠的、完整的。</td></tr>
<tr><td>纳税人签章</td><td colspan="2"></td><td>代理人签章</td><td colspan="2"></td><td colspan="3">代理人身份证号</td><td colspan="2"></td></tr>
<tr><td colspan="11">以下由税务机关填写：</td></tr>
<tr><td>受理人</td><td colspan="2"></td><td>受理日期</td><td>年 月 日</td><td colspan="4">受理税务机关签章</td><td colspan="2"></td></tr>
</table>

本表一式两份，一份纳税人留存，一份税务机关留存。

减免性质代码：减免性质代码按照国家税务总局制定下发的最新《减免性质及分类表》中的最细项减免性质代码填报。

5.2 房产税、城镇土地使用税纳税申报模拟实训

依据《中华人民共和国房产税暂行条例》的规定，房产税在城市、县城、建制镇和

工矿区征收。房产税由产权所有人缴纳，产权属于全民所有的，由经营管理的单位缴纳；产权出典纠纷未解决的，由房产代管人或者使用人缴纳。在具体计征时：房产税依照房产原值一次减除 30%的余值计算缴纳；房产出租的，以房产租金收入为房产税的计税依据。房产税的税率，依照房产余值计算缴纳的，税率为 1.2%；依照房产租金收入计算缴纳的，税率为 12%。房产税按年征收，分期缴纳。具体的缴纳期限由各省、自治区、直辖市人民政府确定。

依据《中华人民共和国城镇土地使用税暂行条例》的规定，为了合理利用城镇土地，调节土地级差收入，提高土地使用效益，加强土地管理，在城市、县城、建制镇、工矿区范围内使用土地的单位和个人，必须就其实际占用的土地面积缴纳城镇土地使用税。

上述所称单位，包括国有企业、集体企业、私营企业、股份制企业、外商投资企业、外国企业以及其他企业和事业单位、社会团体、国家机关、军队以及其他单位；所称个人，包括个体工商户以及其他个人。城镇土地使用税采用从量定额的征收方式，以纳税人实际占用的土地面积为计税依据来计算应纳税额。城镇土地使用税按年征收，分期缴纳。具体的缴纳期限由各省、自治区、直辖市人民政府确定。

为了减少纳税申报次数，便利纳税人办税，进一步优化营商环境，国家税务总局发布了国家税务总局公告 2019 年第 32 号，决定修订城镇土地使用税和房产税申报表单。

第一，调整城镇土地使用税和房产税申报表单中部分数据项目并对个别数据项目名称进行规范。

第二，将城镇土地使用税和房产税的纳税申报表、减免税明细申报表、税源明细表分别合并为《城镇土地使用税 房产税纳税申报表》《城镇土地使用税 房产税减免税明细申报表》《城镇土地使用税 房产税税源明细表》。

修订后的表格自 2019 年 10 月 1 日起施行。

1. 主要实训内容

(1) 填写《城镇土地使用税 房产税纳税申报表》《城镇土地使用税 房产税减免税明细申报表》《城镇土地使用税 房产税税源明细表》

(2) 审核《城镇土地使用税 房产税纳税申报表》《城镇土地使用税 房产税减免税明细申报表》《城镇土地使用税 房产税税源明细表》

2. 实训目标

(1) 熟练掌握城镇土地使用税、房产税的计算方法

(2) 熟练掌握《城镇土地使用税 房产税纳税申报表》《城镇土地使用税 房产税减

免税明细申报表》《城镇土地使用税 房产税税源明细表》的填写及申报操作流程。

5.2.1 业务数据资料

本部分实训仍以湖南省仁源酒业股份有限公司为例，展示其房产税和城镇土地使用税纳税申报的全过程，税款所属时间为20××年1月1日至20××年12月31日。公司发生的与房产税相关的业务数据资料如下：

(1) 房产所在地为长沙市雨花区，按规定，房产税采取按年征收的办法。房产名称：长沙市雨花区车站西路213号。

(2) 本公司所在地政府规定的扣除比例为30%。

(3) 房产取得时间为20××年1月，房产建筑面积为40 000平方米。

(4) 20××年年初申报房产原值（评估值）：2 800万元，规定的免税房产原值为1 000万元。

(5) 20××年，本公司出租空闲的仓库1 000平方米（原值800万元）给湖南省长沙市盛达建材有限公司，该公司纳税人识别号为914301111837531241，取得年租金收入48万元，出租期限为3年，共计租金144万元，每月收取租金4万元。

(6) 20××年，公司出租下属空门市部6间（房产原值为700万元，建筑面积为800平方米）给湖南省长沙市云海商贸公司，该公司纳税人识别号为914301111837512031，每间每年收取租金5万元，签订出租合同1份，租期3年。

本公司只出租了以上两处房产。

公司发生的与城镇土地使用税相关的业务数据资料如下：

(1) 该公司为城镇土地的使用权人，同时为实际使用人，该土地为国有，取得方式为划拨，土地用途为工业用地，土地主管税务机关为长沙市雨花区税务局，不动产权证号为：43010000561，宗地号为：43010060010。

(2) 土地所在地为长沙市雨花区车站西路213号，土地名称：长沙市雨花区车站西路213号，全年纳税1次，土地等级为1级，适用税额为7元/平方米。

(3) 20××年期初占地面积为100 000平方米，本期未增加土地。

(4) 本公司所办小学及幼儿园占地面积为2 500平方米。

5.2.2 纳税申报表的填列

根据上述资料填写表5-2至表5-4

表5-2　城镇土地使用税 房产税纳税申报表

税款所属期：自　　年　月　日至　　年　月　日

纳税人识别号（统一社会信用代码）：□□□□□□□□□□□□□□□□□□□□

纳税人名称：　　　　　　　　　　　　　　　　　　金额单位：人民币元（列至角分）；面积单位：平方米

<table>
<tr><td colspan="13">一、城镇土地使用税</td></tr>
<tr><td colspan="4" rowspan="2">本期是否适用增值税小规模纳税人减征政策
（减免性质代码 10049901）</td><td rowspan="2">□是□否</td><td colspan="3">本期适用增值税小规模纳税人减征政策起始时间</td><td colspan="2">年　月</td><td colspan="2" rowspan="2">减征比例（%）</td><td rowspan="2"></td></tr>
<tr><td colspan="3">本期适用增值税小规模纳税人减征政策终止时间</td><td colspan="2">年　月</td></tr>
<tr><td>序号</td><td>土地编号</td><td>宗地号</td><td>土地等级</td><td>税额标准</td><td>土地总面积</td><td>所属期起</td><td>所属期止</td><td>本期应纳税额</td><td>本期减免税额</td><td>本期增值税小规模纳税人减征额</td><td>本期已缴税额</td><td>本期应补（退）税额</td></tr>
<tr><td>1</td><td>*</td><td></td><td></td><td></td><td></td><td></td><td></td><td></td><td></td><td></td><td></td><td></td></tr>
<tr><td>2</td><td>*</td><td></td><td></td><td></td><td></td><td></td><td></td><td></td><td></td><td></td><td></td><td></td></tr>
<tr><td>3</td><td>*</td><td></td><td></td><td></td><td></td><td></td><td></td><td></td><td></td><td></td><td></td><td></td></tr>
<tr><td>合计</td><td>*</td><td>*</td><td>*</td><td>*</td><td></td><td>*</td><td>*</td><td></td><td></td><td></td><td></td><td></td></tr>
<tr><td colspan="13">二、房产税</td></tr>
<tr><td colspan="4" rowspan="2">本期是否适用增值税小规模纳税人减征政策
（减免性质代码 08049901）</td><td rowspan="2">□是 □否</td><td colspan="3">本期适用增值税小规模纳税人减征政策起始时间</td><td colspan="2">年　月</td><td colspan="2" rowspan="2">减征比例（%）</td><td rowspan="2"></td></tr>
<tr><td colspan="3">本期适用增值税小规模纳税人减征政策终止时间</td><td colspan="2">年　月</td></tr>
<tr><td colspan="13">（一）从价计征房产税</td></tr>
<tr><td>序号</td><td>房产编号</td><td>房产原值</td><td>其中：出租房产原值</td><td>计税比例</td><td>税率</td><td>所属期起</td><td>所属期止</td><td>本期应纳税额</td><td>本期减免税额</td><td>本期增值税小规模纳税人减征额</td><td>本期已缴税额</td><td>本期应补（退）税额</td></tr>
<tr><td>1</td><td>*</td><td></td><td></td><td></td><td></td><td></td><td></td><td></td><td></td><td></td><td></td><td></td></tr>
<tr><td>2</td><td>*</td><td></td><td></td><td></td><td></td><td></td><td></td><td></td><td></td><td></td><td></td><td></td></tr>
<tr><td>3</td><td>*</td><td></td><td></td><td></td><td></td><td></td><td></td><td></td><td></td><td></td><td></td><td></td></tr>
<tr><td>合计</td><td>*</td><td>*</td><td>*</td><td>*</td><td>*</td><td>*</td><td>*</td><td></td><td></td><td></td><td></td><td></td></tr>
</table>

（二）从租计征房产税							
序号	本期申报租金收入	税率	本期应纳税额	本期减免税额	本期增值税小规模纳税人减征额	本期已缴税额	本期应补（退）税额
1							
2							
3							
合计	*	*					
声明：此表是根据国家税收法律法规及相关规定填写的，本人（单位）对填报内容（及附带资料）的真实性、可靠性、完整性负责。 纳税人（签章）：　　年　月　日							
经办人： 经办人身份证号： 代理机构签章： 代理机构统一社会信用代码：					受理人： 受理税务机关（章）： 受理日期：　年　月　日		

本表一式两份，一份纳税人留存，一份税务机关留存。

表 5－3　城镇土地使用税 房产税减免税明细申报表

税款所属期：自　　年　月　日至　　年　月　日

纳税人识别号（统一社会信用代码）：□□□□□□□□□□□□□□□□□□□□

纳税人名称：

金额单位：人民币元（列至角分）；面积单位：平方米

一、城镇土地使用税减免信息

序号	土地编号	所属期起	所属期止	土地等级	税额标准	减免税面积	减免性质代码	减免项目名称	本期减免税额
1	*								
2	*								
3	*								
合计		*	*	*	*		*	*	

二、房产税减免信息

（一）从价计征房产税减免信息

序号	房产编号	所属期起	所属期止	减免税房产原值	计税比例	税率	减免性质代码	减免项目名称	本期减免税额
1	*								
2	*								
3	*								
合计		*	*		*	*	*	*	

（二）从租计征房产税减免信息

序号	房产编号	本期享受减免税租金收入	税率	减免性质代码	减免项目名称	本期减免税额
1	*					
2	*					
3	*					
合计			*	*	*	

表 5－4　城镇土地使用税 房产税税源明细表

纳税人识别号（统一社会信用代码）：□□□□□□□□□□□□□□□□□□□□

纳税人名称：　　　　　　　　　　　　　　　　　　　　　　金额单位：人民币元（列至角分）；面积单位：平方米

<table>
<tr><td colspan="12">一、城镇土地使用税税源明细</td></tr>
<tr><td colspan="2">纳税人类型</td><td colspan="2">土地使用权人□ 集体土地使用人□ 无偿使用人□ 代管人□ 实际使用人□（必选）</td><td colspan="2">土地使用权人纳税人识别号（统一社会信用代码）</td><td colspan="2"></td><td colspan="2">土地使用权人名称</td><td colspan="2"></td></tr>
<tr><td colspan="2">土地编号</td><td colspan="2">*</td><td colspan="2">土地名称</td><td colspan="2"></td><td colspan="2">不动产权证号</td><td colspan="2"></td></tr>
<tr><td colspan="2">不动产单元号</td><td colspan="2"></td><td colspan="2">宗地号</td><td colspan="2"></td><td colspan="2">土地性质</td><td colspan="2">国有□　集体□（必选）</td></tr>
<tr><td colspan="2">土地取得方式</td><td colspan="2">划拨□ 出让□ 转让□ 租赁□ 其他□（必选）</td><td colspan="2">土地用途</td><td colspan="6">工业□ 商业□ 居住□ 综合□ 房地产开发企业的开发用地□ 其他□（必选）</td></tr>
<tr><td colspan="2">土地坐落地址（详细地址）</td><td colspan="10">省（自治区、直辖市）　市（区）　县（区）　乡镇（街道）　（必填）</td></tr>
<tr><td colspan="2">土地所属主管税务所（科、分局）</td><td colspan="10"></td></tr>
<tr><td colspan="2">土地取得时间</td><td>年　月</td><td>变更类型</td><td colspan="5">纳税义务终止（权属转移□ 其他□）
信息项变更（土地面积变更□土地等级变更□
减免税变更□其他□）</td><td colspan="2">变更时间</td><td>年　月</td></tr>
<tr><td colspan="2">占用土地面积</td><td></td><td colspan="2">土地等级</td><td colspan="4"></td><td colspan="2">税额标准</td><td></td></tr>
<tr><td colspan="2">地价</td><td></td><td colspan="2">其中取得土地使用权支付金额</td><td colspan="4"></td><td colspan="2">其中土地开发成本</td><td></td></tr>
<tr><td rowspan="5">减免税部分</td><td rowspan="2">序号</td><td rowspan="2">减免性质代码</td><td colspan="2" rowspan="2">减免项目名称</td><td colspan="4">减免起止时间</td><td colspan="2" rowspan="2">减免税土地面积</td><td rowspan="2">月减免税金额</td></tr>
<tr><td colspan="2">起始月份</td><td colspan="2">终止月份</td></tr>
<tr><td>1</td><td></td><td colspan="2"></td><td colspan="2">年　月</td><td colspan="2">年　月</td><td colspan="2"></td><td></td></tr>
<tr><td>2</td><td></td><td colspan="2"></td><td colspan="2"></td><td colspan="2"></td><td colspan="2"></td><td></td></tr>
<tr><td>3</td><td></td><td colspan="2"></td><td colspan="2"></td><td colspan="2"></td><td colspan="2"></td><td></td></tr>
<tr><td colspan="12">二、房产税税源明细</td></tr>
<tr><td colspan="12">（一）从价计征房产税明细</td></tr>
<tr><td colspan="2">纳税人类型</td><td colspan="2">产权所有人□经营管理人□承典人□房屋代管人□房屋使用人□融资租赁承租人□（必选）</td><td colspan="2">所有权人纳税人识别号（统一社会信用代码）</td><td colspan="2"></td><td colspan="2">所有权人名称</td><td colspan="2"></td></tr>
<tr><td colspan="2">房产编号</td><td colspan="2">*</td><td colspan="2">房产名称</td><td colspan="6"></td></tr>
<tr><td colspan="2">不动产权证号</td><td colspan="2"></td><td colspan="2">不动产单元号</td><td colspan="6"></td></tr>
</table>

房屋坐落地址（详细地址）	省（自治区、直辖市）　市（区）　县（区）　乡镇（街道）　（必填）						
房产所属主管税务所（科、分局）							
房屋所在土地编号	*		房产用途	工业□ 商业及办公□ 住房□ 其他□（必选）			
房产取得时间	年　月	变更类型	纳税义务终止（权属转移□ 其他□） 信息项变更（房产原值变更□ 出租房产原值变更□ 减免税变更□ 其他□）		变更时间	年　月	
建筑面积	（必填）		其中：出租房产面积				
房产原值	（必填）		其中：出租房产原值		计税比例	系统设定	
减免税部分	序号	减免性质代码	减免项目名称	减免起止时间		减免税房产原值	月减免税金额
				起始月份	终止月份		
	1						
	2						
	3						

（二）从租计征房产税明细

房产编号	*		房产名称		
房产用途	工业□　商业及办公□　住房□　其他□				
房产坐落地址（详细地址）	省（自治区、直辖市）　市（区）　县（区）　乡镇（街道）　（必填）				
房产所属主管税务所（科、分局）					
承租方纳税人识别号（统一社会信用代码）			承租方名称		
出租面积			合同租金总收入		
合同约定租赁期起			合同约定租赁期止		
申报租金收入		申报租金所属租赁期起		申报租金所属租赁期止	
减免性质代码		减免项目名称		享受减免税租金收入	
减免税额					
声明：此表是根据国家税收法律法规及相关规定填写的，本人（单位）对填报内容（及附带资料）的真实性、可靠性、完整性负责。 纳税人（签章）：　　年　月　日					
经办人： 经办人身份证号： 代理机构签章： 代理机构统一社会信用代码：			受理人： 受理税务机关（章）： 受理日期：　年　月　日		

本表一式两份，一份纳税人留存，一份税务机关留存。

5.3 印花税纳税申报模拟实训

印花税是对经济活动和经济交往中书立、领受具有法律效力的凭证的行为所征收的一种税，因最初采用在应税凭证上粘贴印花税票作为完税的标志而得名。

在中华人民共和国境内书立、领受《中华人民共和国印花税暂行条例》所列举凭证的单位和个人都是印花税的纳税义务人，应当按照规定缴纳印花税。具体包括：（1）立合同人；（2）立据人；（3）立账簿人；（4）领受人；（5）使用人。

现行印花税只对《中华人民共和国印花税暂行条例》列举的凭证征税，具体有五类：（1）购销、加工承揽、建设工程承包、财产租赁、货物运输、仓储保管、借款、财产保险、技术合同或者具有合同性质的凭证；（2）产权转移书据；（3）营业账簿；（4）房屋产权证、工商营业执照、商标注册证、专利证、土地使用证、许可证照；（5）经财政部确定征税的其他凭证。

印花税根据不同征税项目，分别实行从价计征和从量计征两种征收方式。印花税以应纳税凭证所记载的金额、费用、收入额和凭证的件数为计税依据，按照适用税率或者税额标准计算应纳税额。印花税应纳税额的计算公式为：

应纳印花税＝应纳税凭证记载的金额(费用、收入额)×适用税率

应纳印花税＝应纳税凭证的件数×适用税额标准

1. 主要实训内容

（1）填写印花税纳税申报表；

（2）审核印花税纳税申报表。

2. 实训目标

（1）熟练掌握印花税的计算方法；

（2）熟练掌握印花税纳税申报表的填写及申报操作流程。

5.3.1 业务数据资料

本部分实训仍以湖南省仁源酒业股份有限公司为例，展示其印花税纳税申报的全过程。公司发生的与印花税相关的业务数据资料如下：

湖南省仁源酒业股份有限公司于20××年2月开业，当月发生以下相关业务事项：

（1）领受房屋产权证、工商营业执照、土地使用证各 1 件。

（2）与其他企业订立转移专用技术使用权书据 1 份，所载金额为 100 万元；订立产品购销合同 1 份，所载金额为 200 万元；订立借款合同 1 份，所载金额为 400 万元；企业记载资金的账簿，“实收资本”“资本公积”为 800 万元，其他营业账本 10 本。

5.3.2　纳税申报表的填列

根据上述资料填写表 5－5。

表 5－5　印花税纳税申报（报告）表

税款所属期限：自　　年　月　日至　　年　月　日　填表日期：　　年　月　日 金额单位：元至角分

纳税人识别号 □□□□□□□□□□□□□□□□□□□□

<table>
<tr><td rowspan="4">纳税人信息</td><td>名称</td><td colspan="4"></td><td colspan="4">□单位　□个人</td></tr>
<tr><td>登记注册类型</td><td colspan="3"></td><td colspan="2">所属行业</td><td colspan="3"></td></tr>
<tr><td>身份证件类型</td><td colspan="3"></td><td colspan="2">身份证件号码</td><td colspan="3"></td></tr>
<tr><td>联系方式</td><td colspan="8"></td></tr>
<tr><td rowspan="3">应税凭证</td><td rowspan="2">计税金额或件数</td><td colspan="2">核定征收</td><td rowspan="2">适用税率</td><td rowspan="2">本期应纳税额</td><td rowspan="2">本期已缴税额</td><td colspan="2">本期减免税额</td><td rowspan="2">本期应补（退）税额</td></tr>
<tr><td>核定依据</td><td>核定比例</td><td>减免性质代码</td><td>减免额</td></tr>
<tr><td>1</td><td>2</td><td>3</td><td>4</td><td>5=1×4+2×3×4</td><td>6</td><td>7</td><td>8</td><td>9=5−6−8</td></tr>
<tr><td>购销合同</td><td></td><td></td><td></td><td>0.3‰</td><td></td><td></td><td></td><td></td><td></td></tr>
<tr><td>加工承揽合同</td><td></td><td></td><td></td><td>0.5‰</td><td></td><td></td><td></td><td></td><td></td></tr>
<tr><td>建设工程勘察设计合同</td><td></td><td></td><td></td><td>0.5‰</td><td></td><td></td><td></td><td></td><td></td></tr>
<tr><td>建筑安装工程承包合同</td><td></td><td></td><td></td><td>0.3‰</td><td></td><td></td><td></td><td></td><td></td></tr>
<tr><td>财产租赁合同</td><td></td><td></td><td></td><td>1‰</td><td></td><td></td><td></td><td></td><td></td></tr>
<tr><td>货物运输合同</td><td></td><td></td><td></td><td>0.5‰</td><td></td><td></td><td></td><td></td><td></td></tr>
<tr><td>仓储保管合同</td><td></td><td></td><td></td><td>1‰</td><td></td><td></td><td></td><td></td><td></td></tr>
<tr><td>借款合同</td><td></td><td></td><td></td><td>0.05‰</td><td></td><td></td><td></td><td></td><td></td></tr>
<tr><td>财产保险合同</td><td></td><td></td><td></td><td>1‰</td><td></td><td></td><td></td><td></td><td></td></tr>
<tr><td>技术合同</td><td></td><td></td><td></td><td>0.3‰</td><td></td><td></td><td></td><td></td><td></td></tr>
<tr><td>产权转移书据</td><td></td><td></td><td></td><td>0.5‰</td><td></td><td></td><td></td><td></td><td></td></tr>
<tr><td>营业账簿（记载资金的账簿）</td><td></td><td>—</td><td></td><td>0.5‰</td><td></td><td></td><td></td><td></td><td></td></tr>
<tr><td>营业账簿（其他账簿）</td><td></td><td>—</td><td></td><td>5</td><td></td><td></td><td></td><td></td><td></td></tr>
<tr><td>权利、许可证照</td><td></td><td>—</td><td></td><td>5</td><td></td><td></td><td></td><td></td><td></td></tr>
<tr><td>合计</td><td>—</td><td>—</td><td></td><td>—</td><td></td><td></td><td></td><td></td><td></td></tr>
<tr><td colspan="10">以下由纳税人填写：</td></tr>
<tr><td colspan="2">纳税人声明</td><td colspan="8">此纳税申报表是根据《中华人民共和国印花税暂行条例》和国家有关税收规定填报的，是真实的、可靠的、完整的。</td></tr>
<tr><td colspan="2">纳税人签章</td><td colspan="2"></td><td colspan="2">代理人签章</td><td></td><td colspan="2">代理人身份证号</td><td></td></tr>
<tr><td colspan="10">以下由税务机关填写：</td></tr>
<tr><td colspan="2">受理人</td><td colspan="2"></td><td colspan="2">受理日期</td><td>年　月　日</td><td colspan="2">受理税务机关签章</td><td></td></tr>
</table>

本表一式两份，一份纳税人留存，一份税务机关留存。

减免性质代码：减免性质代码按照税务机关最新制发的减免税政策代码表中的最细项减免性质代码填报。

附录一

参考答案

第3章

3.1.2 实训参考答案

4300161130　　　　湖南增值税专用发票　　　　No 01003400

湖　南

此联不作报销、扣税凭证使用

开票日期:20XX 年 03 月 04 日

国税函〔〕号湖南云翔实业公司

购货单位		密码区	
名　　称:	湖南省长沙市王利烟酒总公司		4+89347/05-0/314-1*-+
纳税人识别号:	91430111837652711		213-872*1+/646--64*7-
地址 、 电话:	长沙市芙蓉区人民西路 314 号 0731-84617862		702*267192*2534651/6+　　4400160620
开户行及账号:	长沙市建行马坡岭支行 6283145623424153		991425376*17-9+33629*　　74563213

货物及应税劳务名称	规格型号	单位	数量	单价	金额	税率	税额
仁源白酒（30度）	12瓶×500克	箱	300	400.00000	120000.00	13%	15600.00
仁源白酒（40度）	12瓶×500克	箱	80	430.00000	34400.00	13%	4472.00
仁源保健酒	12瓶×500克	箱	130	300.00000	39000.00	13%	5070.00
仁源米酒	24 瓶×500 克	箱	795	200.00000	159000.00	13%	20670.00
仁源白酒(50度)酱香	12瓶×500克	箱	50	500.00000	25000.00	13%	3250.00
仁源扎啤	扎啤	吨	15	4000.00000	60000.00	13%	7800.00
仁源普通啤酒	24 瓶×735ml	箱	590	40.00000	23600.00	13%	3068.00
仁源料酒	12瓶×500克	箱	80	100.00000	8000.00	13%	1040.00
合计					¥469000.00		¥60970.00
价税合计	伍拾贰万玖仟玖佰柒拾圆整				（小写）¥529970.00		

销货单位		备注
名　　称:	湖南省仁源酒业股份有限公司	湖南省仁源酒业股份有限公司 91430111837652711 发票专用章
纳税人识别号:	91430111837652711	
地址 、 电话:	长沙市雨花区车站西路 213 号 0731-82736421	
开户行及账号:	长沙市工行袁家岭支行 5309188034765	

收款人:　　　　复核:　　　　开票人:　　　　销货单位:（章）

第一联：记账联　销货方记账凭证

430161567

湖南增值税普通发票

No 01002500

开票日期：20XX 年 03 月 05 日

购货单位	名　　称：湖南省第十届农业博览会组委会 纳税人识别号：914301111837342131 地址、电话：长沙市雨花区万家丽西路 144 号 0731-84856724 开户行及账号：长沙市建行人民里支行 6283345523451426	密码区	4+89347/05-0/314-1*-+ 213-872*1+/646--64*7- 702*267192*2534651/6+ 4400160620 991425376*17-9+33629* 74563213

货物及应税劳务名称	规格型号	单位	数量	单价	金额	税率	税额
仁源白酒（30度）	12瓶×500克	箱	40	400.00000	16000.00	13%	2080.00
仁源白酒（40度）	12瓶×500克	箱	30	430.00000	12900.00	13%	1677.00
仁源白酒（50度）酵香	12瓶×500克	箱	30	500.00000	15000.00	13%	1950.00
仁源保健酒	12瓶×500克	箱	20	300.00000	6000.00	13%	780.00
合计					￥49900.00		￥6487.00
价税合计	陆万贰仟捌佰柒拾肆圆整				（小写）￥56387.00		

销货单位	名　　称：湖南省仁源酒业股份有限公司 纳税人识别号：914301111837652711 地址、电话：长沙市雨花区车站西路 213 号 0731-82736421 开户行及账号：长沙市工行袁家岭支行 5309188034765	备注	湖南省仁源酒业股份有限公司 914301111837652711 发票专用章

收款人：　　复核：　　开票人：　　销货单位：（章）

国税函 号 湖南云翔实业公司

第一联：记账联 销货方记账凭证

4300161130

湖南增值税专用发票

No 01003401

开票日期：20XX 年 03 月 10 日

此联不作报销、扣税凭证使用

购货单位	名　　称：湖南省长沙市中益贸易公司 纳税人识别号：914301111837156721 地址、电话：长沙市八一路 254 号 0731-87463321 开户行及账号：长沙市建行人民八一路支行 6283145664678922	密码区	4+89347/05-0/314-1*-+ 213-872*1+/646--64*7- 702*267192*2534651/6+ 4400160620 991425376*17-9+33629* 74563213

货物及应税劳务名称	规格型号	单位	数量	单价	金额	税率	税额
仁源料酒	12瓶×500克	箱	100	100.00000	10000.00	13%	1300.00
仁源纯生啤酒	24瓶×735ml	箱	1140	60.00000	68400.00	13%	8892.00
仁源保健酒	12瓶×500克	箱	80	300.00000	24000.00	13%	3120.00
仁源白酒（30度）	12瓶×500克	箱	100	400.00000	40000.00	13%	5200.00
仁源白酒（40度）	12瓶×500克	箱	800	430.00000	344000.00	13%	44720.00
仁源白酒(50度)酵香	12瓶×500克	箱	300	500.00000	150000.00	13%	19500.00
仁源扎啤	扎啤	吨	16	4000.00000	64000.00	13%	8320.00
仁源普通啤酒	24 瓶×735ml	箱	250	40.00000	10000.00	13%	1300.00
合计					￥710400.00		￥92352.00
价税合计	捌拾万贰仟柒佰伍拾贰圆整				（小写）￥802752.00		

销货单位	名　　称：湖南省仁源酒业股份有限公司 纳税人识别号：914301111837652711 地址、电话：长沙市雨花区车站西路 213 号 0731-82736421 开户行及账号：长沙市工行袁家岭支行 5309188034765	备注	湖南省仁源酒业股份有限公司 914301111837652711 发票专用章

收款人：　　复核：　　开票人：　　销货单位：（章）

国税函 号 湖南云翔实业公司

第一联：记账联 销货方记账凭证

430161567　　　　湖南增值税普通发票　　　　No 01002501

湖南 国家税务总局监制

开票日期:20XX 年 03 月 15 日

购货单位	名　　称：湖南省长沙市明成酒业有限公司 纳税人识别号：914301111837632151 地址、电话：长沙市芙蓉区友谊路 310 号 0731-84531070 开户行及账号：长沙市工行芙蓉区友谊路支行 6340307470852829			密码区	4+89347/05-0/314-1*-+ 213-872*1+/646--64*7- 702*267192*2534651/6+　4400160620 991425376*17-9+33629*　74563213		
货物及应税劳务名称	规格型号	单位	数量	单价	金额	税率	税额
制酒专用设备	304 不锈钢	台	1	58252.4272	58252.43	3%	1747.57
合计					￥58252.43		￥1747.57
价税合计	陆万圆整				（小写）￥60000.00		
销货单位	名　　称：湖南省仁源酒业股份有限公司 纳税人识别号：914301111837652711 地址、电话：长沙市雨花区车站西路 213 号 0731-82736421 开户行及账号：长沙市工行袁家岭支行 5309188034765			备注	湖南省仁源酒业股份有限公司 914301111837652711 发票专用章		

收款人：　　　复核：　　　开票人：　　　销货单位：（章）

国税函 号 湖南云翔实业公司

第一联：记账联 销货方记账凭证

4300161130　　　　湖南增值税专用发票　　　　No 01003402

湖南 国家税务总局监制

此联不作报销、扣税凭证使用

开票日期:20XX 年 03 月 24 日

购货单位	名　　称：湖南省长沙市新飞贸易公司 纳税人识别号：914301111837086781 地址、电话：长沙市江边路 432 号 0731-87267651 开户行及账号：长沙市建行江边西路支行 6283145664352163			密码区	4+89347/05-0/314-1*-+ 213-872*1+/646--64*7- 702*267192*2534651/6+　4400160620 991425376*17-9+33629*　74563213		
货物及应税劳务名称	规格型号	单位	数量	单价	金额	税率	税额
仁源白酒（40度）	12瓶×500克	箱	100	430.00000	43000.00	13%	5590.00
合计					￥43000.00		￥5590.00
价税合计	肆万捌仟伍佰玖拾圆整				（小写）￥48590.00		
销货单位	名　　称：湖南省仁源酒业股份有限公司 纳税人识别号：914301111837652711 地址、电话：长沙市雨花区车站西路 213 号 0731-82736421 开户行及账号：长沙市工行袁家岭支行 5309188034765			备注	湖南省仁源酒业股份有限公司 914301111837652711 发票专用章		

收款人：　　　复核：　　　开票人：　　　销货单位：（章）

国税函 号 湖南云翔实业公司

第一联：记账联 销货方记账凭证

4300161130 **湖南增值税专用发票** No 01003403

全国统一发票监制章 湖南 国家税务总局监制

此联不作报销、扣税凭证使用

开票日期：20XX 年 03 月 26 日

国税函〔 〕号湖南云翔实业公司

购货单位	名　　称：湖南省郴洲市昌泰贸易公司 纳税人识别号：914310011837213081 地址 、 电话：郴洲市文艺路 410 号 0735-6201638 开户行及账号：郴洲市建行文艺路支行 6301250184353012	密码区	4+89347/05-0/314-1*-+ 213-872*1+/646--64*7- 702*267192*2534651/6+ 4400160620 991425376*17-9+33629* 74563213

货物及应税劳务名称	规格型号	单位	数量	单价	金额	税率	税额
仁源白酒（50度）酵香	12瓶×500克	箱	300	500.00000	150000.00	13%	19500.00
仁源保健酒	12瓶×500克	箱	100	300.00000	30000.00	13%	3900.00
仁源料酒	12瓶×500克	箱	100	100.00000	10000.00	13%	1300.00
仁源米酒	24 瓶×500 克	箱	600	200.00000	120000.00	13%	15600.00
合计					￥310000.00		￥40300.00
价税合计	叁拾伍万零叁佰圆整				（小写）￥350300.00		

销货单位	名　　称：湖南省仁源酒业股份有限公司 纳税人识别号：914301111837652711 地址 、 电话：长沙市雨花区车站西路 213 号 0731-82736421 开户行及账号：长沙市工行袁家岭支行 5309188034765	备注	湖南省仁源酒业股份有限公司 914301111837652711 发票专用章

收款人：　　复核：　　开票人：　　销货单位：（章）

第一联：记账联 销货方记账凭证

430161567 **湖南增值税普通发票** No 01002502

全国统一发票监制章 湖南 国家税务总局监制

开票日期：20XX 年 03 月 25 日

国税函〔 〕号湖南云翔实业公司

购货单位	名　　称：湖南省长沙市农旺超市 纳税人识别号：914301111837742181 地址 、 电话：长沙市岳麓区水木塘路 329 号 0731-85465182 开户行及账号：长沙市建行水木塘路支行 6283904167452083	密码区	4+89347/05-0/314-1*-+ 213-872*1+/646--64*7- 702*267192*2534651/6+ 4400160620 991425376*17-9+33629* 74563213

货物及应税劳务名称	规格型号	单位	数量	单价	金额	税率	税额
仁源白酒（30度）	12瓶×500克	箱	10	400.00000	4000.00	13%	520.00
仁源白酒（40度）	12瓶×500克	箱	8	430.00000	3440.00	13%	447.20
仁源保健酒	12瓶×500克	箱	30	300.00000	9000.00	13%	1170.00
仁源礼包	大礼包	套	50	400.00000	20000.00	13%	2600.00
合计					￥36440.00		￥4737.20
价税合计	肆万壹仟壹佰柒拾柒圆贰角整				（小写）￥41177.20		

销货单位	名　　称：湖南省仁源酒业股份有限公司 纳税人识别号：914301111837652711 地址 、 电话：长沙市雨花区车站西路 213 号 0731-82736421 开户行及账号：长沙市工行袁家岭支行 5309188034765	备注	湖南省仁源酒业股份有限公司 914301111837652711 发票专用章

收款人：　　复核：　　开票人：　　销货单位：（章）

第一联：记账联 销货方记账凭证

4300161130　　湖南增值税专用发票　　No 01003404

此联不作报销、扣税凭证使用　　开票日期:20XX年03月27日

购货单位	名　　称：湖南省长沙市王利烟酒总公司 纳税人识别号：914301111837652711 地址、电话：长沙市芙蓉区人民西路314号 0731-84617862 开户行及账号：长沙市建行马坡岭支行 6283145623424153			密码区	4+89347/05-0/314-1*-+ 213-872*1+/646--64*7- 702*267192*2534651/6+　4400160620 991425376*17-9+33629*　74563213		
货物及应税劳务名称	规格型号	单位	数量	单价	金额	税率	税额
仁源普通啤酒	24瓶×735ml	箱	−20	40.00000	−800.00	13%	−104.00
合计					￥−800.00		￥−104.00
价税合计	−玖佰零肆圆整				（小写）￥−904.00		
销货单位	名　　称：湖南省仁源酒业股份有限公司 纳税人识别号：914301111837652711 地址、电话：长沙市雨花区车站西路213号 0731-82736421 开户行及账号：长沙市工行袁家岭支行 5309188034765			备注	湖南省仁源酒业股份有限公司 914301111837652711 发票专用章		

收款人：　　复核：　　开票人：　　销货单位：（章）

国税函［ ］号湖南云翔实业公司

第一联：记账联 销货方记账凭证

附件1

增值税纳税申报表

（一般纳税人使用）

根据国家税收法律及增值税相关规定制定本表。纳税人不论有无销售额，均应按税务机关核定的纳税期限填写本表，并向当地税务机关申报。

税款所属时间：自20××年03月01日至20××年03月31日　填表日期：20××年04月10日

金额单位：元至角分

纳税人识别号	914301111837652711				所属行业：1511		
纳税人名称	（公章）	法定代表人姓名	李安仁	注册地址	长沙市雨花区车站西路213号	生产经营地址	长沙市雨花区车站西路213号
开户银行及账号	长沙市工行袁家岭支行 5309188034765	登记注册类型		股份有限公司		电话号码	0731-82736421

	项目	栏次	一般项目		即征即退项目	
			本月数	本年累计	本月数	本年累计
销售额	（一）按适用税率计税销售额	1	1 683 940.00			
	其中：应税货物销售额	2	1 683 940.00			
	应税劳务销售额	3	0			
	纳税检查调整的销售额	4	0			
	（二）按简易办法计税销售额	5	58 252.43			
	其中：纳税检查调整的销售额	6	0			
	（三）免、抵、退办法出口销售额	7	0		—	—
	（四）免税销售额	8	0		—	—
	其中：免税货物销售额	9	0		—	—
	免税劳务销售额	10	0		—	—

税款计算	销售税额	11	218 912.20			
	进项税额	12	167 697.00			
	上期留抵税额	13	0			—
	进项税额合计	14	0			
	免、抵、退应退税额	15	0		—	—
	按适用税率计算的纳税检查应补缴税额	16	0		—	—
	应抵扣税额合计	17	167 697.00	—		—
	实际抵扣税额	18	167 697.00			
	应纳税额	19＝11－18	51 215.20			
	期末留抵税额	20＝17－18	0			—
	按简易计税办法计算的应纳税额	21	1 747.57			
	按简易计税办法计算的纳税检查应补缴税额	22		—		—
	应纳税额减征额	23	582.52			
	应纳税额合计	24＝19＋21－23	52 380.25			
税款缴纳	期初未缴税额（多缴为负数）	25	17 850.40			
	实收出口开具专用缴款书预缴税款	26			—	—
	本期已缴税额	27＝28＋29＋30＋31	17 850.40			
	①分次预缴税额	28		—		—
	②出口开具专用缴款书预缴税额	29		—	—	—
	③本期缴纳上期应纳税额	30	17 850.40			
	④本期缴纳欠缴税额	31				
	期末未缴税额（多缴为负数）	32＝24＋25＋26－27	52 380.25			
	其中：欠缴税额（≥0）	33＝25＋26－27	—	—		—
	本期应补（退）税额	34＝24－28－29	—	—		—
	即征即退实际退税额	35	—	—		
	期初未缴查补税额	36			—	—
	本期入库查补税额	37			—	—
	期末未缴查补税额	38＝16＋22＋36－37			—	—

授权声明	如果你已委托代理人申报，请填写下列资料： 为代理一切税务事宜，现授权 （地址） 为本纳税人的代理申报人，任何与本申报表有关的往来文件，都可寄予此人。 授权人签字：	申报人声明	本纳税申报表是根据国家税收法律法规及相关规定填报的，我确定它是真实的、可靠的、完整的。 声明人签字：

主管税务机关： 接收人： 接收日期：

附件2

酒类应税消费品消费税纳税申报表

税款所属期：20××年03月01日 至20××年03月31日

纳税人名称（公章）：　　　　　　　　纳税人识别号：□□□□□□□□□□□□□□□□□□□□

填表日期：20××年04月10日　　　　　　　　　　　　　　金额单位：元（列至角分）

项目 应税消费品名称	适用税率		销售数量	销售额	应纳税额
	定额税率	比例税率			
粮食白酒	0.5元/斤	20%	28 056.00	1 037 740.00	221 576.00
薯类白酒	0.5元/斤	20%			
啤酒	250元/吨	—	51.35	192 400.00	12 837.50
啤酒	220元/吨	—	14.99	33 600.00	3 297.80
黄酒	240元/吨	—			
其他酒	—	10%	19.02	393 000.00	39 300.00
合计	—	—	—	—	277 011.30

<table>
<tr><td>本期准予抵减税额：</td><td rowspan="3">声明
此纳税申报表是根据国家税收法律的规定填报的，我确定它是真实的、可靠的、完整的。
经办人（签章）：
财务负责人（签章）：
联系电话：</td></tr>
<tr><td>本期减（免）税额：</td></tr>
<tr><td>期初未缴税额：</td></tr>
<tr><td>本期缴纳前期应纳税额：</td><td rowspan="4">（如果你已委托代理人申报，请填写）
授权声明
为代理一切税务事宜，现授权______（地址）______为本纳税人的代理申报人，任何与本申报表有关的往来文件，都可寄予此人。
授权人签章：</td></tr>
<tr><td>本期预缴税额：</td></tr>
<tr><td>本期应补（退）税额：277 011.30</td></tr>
<tr><td>期末未缴税额：277 011.30</td></tr>
</table>

以下由税务机关填写

受理人（签章）：　　　　　受理日期：　　年　　月　　日　　受理税务机关（章）：

说明：根据国家税务总局公告2015年第91号规定，纳税人销售的应税消费品因质量问题发生退货的，其已缴消费税可以退税。办理退税时将开具的红字增值税发票及退税证明等资料报主管税务机关备案，主管税务机关核对无误后，办理退税。因此，3月27日的退货业务不在纳税申报表中显示，直接申请退税。

附件 3　　　　　　　　　　　　　**生产经营情况表**

税款所属期：20×× 年 03 月 01 日 至 20××年 03 月 31 日

纳税人名称（公章）：　　　　　　　　　纳税人识别号：□□□□□□□□□□□□□□□□□□□□

填表日期：20××年 04 月 10 日　　　　　　　　　　　　　　　　　金额单位：元（列至角分）

应税消费品名称 / 项目	粮食白酒	薯类白酒	啤酒（适用税率 250 元/吨）	啤酒（适用税率 220 元/吨）	黄酒	其他酒
生产数量	30 000.00		56.43	17.85		20.28
销售数量	28 056.00		51.35	14.99		19.02
委托加工收回酒类应税消费品直接销售数量						
委托加工收回酒类应税消费品直接销售额						
出口免税销售数量						
出口免税销售额						

3.1.3 实训参考答案

4301163120　　　　湖南增值税普通发票　　　　No 01021600

全国统一发票监制章　湖南　国家税务总局监制

开票日期:20XX 年 03 月 01 日

购货单位	名　称: 长沙市东南自行车贸易有限公司 纳税人识别号: 914301111837089621 地址 、 电话: 长沙市雨花区工业西路 78 号 0731-81015654 开户行及账号: 工行工业西路支行 6210014858123	密码区	4+89347/05-0/314-1*-+ 213-872*1+/646--64*7- 702*267192*2534651/6+　4400160620 991425376*17-9+33629*　74563213

货物及应税劳务名称	规格型号	单位	数量	单价	金额	税率	税额
金莱自行车		辆	20	384.0000	7680.00	3%	230.40
金莱儿童车		辆	10	198.0000	1980.00	3%	59.40
合计					￥9660.00		￥289.80
价税合计	玖仟玖佰肆拾玖圆捌角整				（小写）￥9949.80		

销货单位	名　称: 长沙市金莱自行车制造有限公司 纳税人识别号: 914301001597421761 地址 、 电话: 长沙市芙蓉区远大路 120 号 0731-85210346 开户行及账号: 中国工商银行芙蓉区支行 6000512456229	备注	长沙市金莱自行车制造有限公司 914301001597421761 发票专用章

收款人:　　　　复核:　　　　开票人:　　　　销货单位:（章）

国税函　号湖南云翔实业公司

第一联：记账联　销货方记账凭证

4301163120　　湖南增值税普通发票　　No 01021601

开票日期:20XX 年 03 月 08 日

购货单位	名称：长沙市天马修理厂 纳税人识别号：914301111837431081 地址、电话：长沙市芙蓉区工业路 980 号 0731-84854657 开户行及账号：中行工业路办事处 6502512657114				密码区	4+89347/05-0/314-1*-+ 213-872*1+/646--64*7- 702*267192*2534651/6+　4400160620 991425376*17-9+33629*　74563213	
货物及应税劳务名称	规格型号	单位	数量	单价	金额	税率	税额
自行车轮胎		个	40	60.0000	2400.00	3%	72.00
合计					¥2400.00		¥72.00
价税合计	贰仟肆佰柒拾贰圆整				（小写）¥2472.00		
销货单位	名称：长沙市金莱自行车制造有限公司 纳税人识别号:914301001597421761 地址、电话：长沙市芙蓉区远大路 120 号 0731-85210346 开户行及账号：中国工商银行芙蓉区支行 6000512456229				备注		

收款人：　　复核：　　开票人：　　销货单位：（章）

国税函 号 湖南云翔实业公司

第一联：记账联 销货方记账凭证

4301163120　　湖南增值税普通发票　　No 01021602

开票日期:20XX 年 03 月 11 日

购货单位	名称：湖南长沙欣沙自行车销售有限公司 纳税人识别号：914301111837806211 地址、电话：长沙市芙蓉区白马路 898 号 0731-85665444 开户行及账号：工行白马路支行 6541545124990				密码区	4+89347/05-0/314-1*-+ 213-872*1+/646--64*7- 702*267192*2534651/6+　4400160620 991425376*17-9+33629*　74563213	
货物及应税劳务名称	规格型号	单位	数量	单价	金额	税率	税额
金莱山地自行车		辆	10	438.0000	4380.00	3%	131.40
合计					¥ 4380.00		¥131.40
价税合计	肆仟伍佰壹拾壹圆肆角整				（小写）¥4511.40		
销货单位	名称：长沙市金莱自行车制造有限公司 纳税人识别号：914301001597421761 地址、电话：长沙市芙蓉区远大路 120 号 0731-85210346 开户行及账号：中国工商银行芙蓉区支行 6000512456229				备注		

收款人：　　复核：　　开票人：　　销货单位：（章）

国税函 号 湖南云翔实业公司

第一联：记账联 销货方记账凭证

4301163120 湖南增值税普通发票 No 01021603

开票日期:20XX 年 03 月 15 日

购货单位	名 称: 湖南长沙欣沙自行车销售有限公司 纳税人识别号: 914301111837806211 地址 、 电话: 长沙市芙蓉区白马路 898 号 0731-85665444 开户行及账号: 工行白马路支行 6541545124990	密码区	4+89347/05-0/314-1*-+ 213-872*1+/646--64*7- 702*267192*2534651/6+ 4400160620 991425376*17-9+33629* 74563213

货物及应税劳务名称	规格型号	单位	数量	单价	金额	税率	税额
金莱山地自行车		辆	—2	—438.0000	—876.00	3%	—26.28
合计					￥-876.00		￥-26.28
价税合计	-玖佰零贰圆贰角捌分				（小写）￥—902.28		

销货单位	名 称: 长沙市金莱自行车制造有限公司 纳税人识别号: 914301001597421761 地址 、 电话: 长沙市芙蓉区远大路 120 号 0731-85210346 开户行及账号: 中国工商银行芙蓉区支行 6000512456229	备注	长沙市金莱自行车制造有限公司 914301001597421761 发票专用章

收款人: 复核: 开票人: 销货单位: (章)

国税函 号湖南云翔实业公司

第一联:记账联销货方记账凭证

4301163120 湖南增值税普通发票 No 01021604

开票日期:20XX 年 03 月 16 日

购货单位	名 称: 长沙市联众自行车贸易有限公司 纳税人识别号: 914301111837071231 地址 、 电话: 长沙市开福区万年路 963 号 0731-86688544 开户行及账号: 中行万年路办事处 6501665459878	密码区	4+89347/05-0/314-1*-+ 213-872*1+/646--64*7- 702*267192*2534651/6+ 4400160620 991425376*17-9+33629* 74563213

货物及应税劳务名称	规格型号	单位	数量	单价	金额	税率	税额
金莱儿童自行车		辆	50	198.0000	9900.00	3%	297.00
合计					￥9900.00		￥297.00
价税合计	壹万零壹佰玖拾柒圆整				（小写）￥10197.00		

销货单位	名 称: 长沙市金莱自行车制造有限公司 纳税人识别号: 914301001597421761 地址 、 电话: 长沙市芙蓉区远大路 120 号 0731-85210346 开户行及账号: 中国工商银行芙蓉区支行 6000512456229	备注	长沙市金莱自行车制造有限公司 914301001597421761 发票专用章

收款人: 复核: 开票人: 销货单位: (章)

国税函 号湖南云翔实业公司

第一联:记账联销货方记账凭证

4301163120　　**湖南增值税普通发票**　　No 01021605

开票日期:20XX 年 03 月 17 日

购货单位		密码区	
名　　称：长沙市力天自行车贸易公司 纳税人识别号：914301111837612081 地址 、 电话：长沙市雨花区长城大马路 101 号 0731-85402456 开户行及账号：工行长城大马路支行 6455545787858		4+89347/05-0/314-1*-+ 213-872*1+/646--64*7- 702*267192*2534651/6+ 991425376*17-9+33629*	4400160620 74563213

货物及应税劳务名称	规格型号	单位	数量	单价	金额	税率	税额
自行车轮胎		个	50	60.0000	3000.00	3%	90.00
合计					￥3000.00		￥90.00
价税合计	叁仟零玖拾圆整			（小写）￥3090.00			

销货单位	备注
名　　称：长沙市金莱自行车制造有限公司 纳税人识别号：914301001597421761 地址 、 电话：长沙市芙蓉区远大路 120 号 0731-85210346 开户行及账号：中国工商银行芙蓉区支行 6000512456229	长沙市金莱自行车制造有限公司 914301001597421761 发票专用章

收款人：　　复核：　　开票人：　　销货单位：（章）

国税函　号湖南云翔实业公司

第一联：记账联销货方记账凭证

4301163120　　**湖南增值税普通发票**　　No 01021606

开票日期:20XX 年 03 月 30 日

购货单位		密码区	
名　　称：长沙市金鑫百货有限公司 纳税人识别号：914301111837721051 地址 、 电话：长沙市芙蓉区环东北路 983 号 0731-85014810 开户行及账号：中行环东北路办事处 6014454545455		4+89347/05-0/314-1*-+ 213-872*1+/646--64*7- 702*267192*2534651/6+ 991425376*17-9+33629*	4400160620 74563213

货物及应税劳务名称	规格型号	单位	数量	单价	金额	税率	税额
金莱自行车		辆	10	384.0000	3840.00	3%	115.20
金莱儿童车		辆	10	198.0000	1980.00	3%	59.40
金莱山地自行车		辆	5	438.0000	2190.00	3%	65.70
合计					￥8010.00		￥240.30
价税合计	捌仟贰佰伍拾圆叁角整			（小写）￥8250.30			

销货单位	备注
名　　称：长沙市金莱自行车制造有限公司 纳税人识别号：914301001597421761 地址 、 电话：长沙市芙蓉区远大路 120 号 0731-85210346 开户行及账号：中国工商银行芙蓉区支行 6000512456229	长沙市金莱自行车制造有限公司 914301001597421761 发票专用章

收款人：　　复核：　　开票人：　　销货单位：（章）

国税函　号湖南云翔实业公司

第一联：记账联销货方记账凭证

第4章

4.1.2 实训参考答案

中华人民共和国企业所得税年度纳税申报表（A类）　　单位：元

行次	类别	项　目	金　额
1	利润总数计算	一、营业收入（填写 A101010 \ 101020 \ 103000）	29 948 950.00
2		减：营业成本（填写 A102010 \ 102020 \ 103000）	10 794 083.65
3		减：税金及附加	915 000.00
4		减：销售费用（填写 A104000）	3 281 757.56
5		减：管理费用（填写 A104000）	5 102 436.76
6		减：财务费用（填写 A104000）	98 108.48
7		减：资产减值损失	131 000.00
8		加：公允价值变动收益	－6 800.00
9		加：投资收益	101 900.00
10		二、营业利润（1－2－3－4－5－6－7＋8＋9）	9 721 663.55
11		加：营业外收入（填写 A101010 \ 101020 \ 103000）	62 250.00
12		减：营业外支出（填写 A102010 \ 102020 \ 103000）	1 033 000.00
13		三、利润总额（10＋11－12）	8 750 913.55
14	应纳税所得额计算	减：境外所得（填写 A108010）	0
15		加：纳税调整增加额（填写 A105000）	277 997.60
16		减：纳税调整减少额（填写 A105000）	127 660.93
17		减：免税、减计收入及加计扣除（填写 A107010）	310 000.00
18		加：境外应税所得抵减境内亏损（填写 A108000）	0
19		四、纳税调整后所得（13－14＋15－16－17＋18）	8 591 250.22
20		减：所得减免（填写 A107020）	0
21		减：弥补以前年度亏损（填写 A106000）	0
22		减：抵扣应纳税所得额（填写 A107030）	0
23		五、应纳税所得额（19－20－21－22）	8 591 250.22
24	应纳税所计算	税率（25%）	25%
25		六、应纳所得税额（23×24）	2 147 812.56
26		减：减免所得税额（填写 A107040）	0
27		减：抵免所得税额（填写 A107050）	0
28		七、应纳税额（25－26－27）	2 147 812.56
29		加：境外所得应纳所得税额（填写 A108000）	
30		减：境外所得抵免所得税额（填写 A108000）	
31		八：实际应纳所得税额（28＋29－30）	2 147 812.56
32		减：本年累计实际已预缴的所得税额	2 072 357.41
33		九、本年应补（退）所得税额（31－32）	75 455.15
34		其中：总机构分摊本年应补（退）所得税额（填写 A109000）	
35		财政集中分配本年应补（退）所得税额（填写 A109000）	
36		总机构主体生产经营部门分摊本年应补（退）所得税额（填写 A109000）	

谨声明：本表是根据国家税收法律法规及相关规定填报的，是真实的、可靠的、完整的。 纳税人签字：　　　年　月　日	
经办人： 经办人身份证件号码： 代理机构签章： 代理机构统一社会信用代码：	受理人： 受理税务机关（章）： 受理日期：　　年　月　日

国家税务总局监制

附件2

个人所得税经营所得纳税申报表（B表）

税款所属期：20××年01月01日至20××年12月31日

纳税人姓名：李子云

纳税人识别号：430181197810120838　　　　金额单位：人民币元（列至角分）

被投资单位信息	名称	长沙市新食尚饭店	纳税人识别号（统一社会信用代码）	91430111837780231	
项目				行次	金额/比例
一、收入总额				1	812 378.36
其中：国债利息收入				2	—
二、成本费用（3=4+5+6+7+8+9+10）				3	641 390.35
（一）营业成本				4	295 756.48
（二）营业费用				5	58 745.24
（三）管理费用				6	273 600.00
（四）财务费用				7	724.35
（五）税金				8	2 564.28
（六）损失				9	—
（七）其他支出				10	10 000.00
三、利润总额（11=1-2-3）				11	170 988.01
四、纳税调整增加额（12=13+27）				12	141 222.47
（一）超过规定标准的扣除项目金额（13=14+15+16+17+18+19+20+21+22+23+24+25+26）				13	5 538.11
1. 职工福利费				14	—
2. 职工教育经费				15	1 000.00
3. 工会经费				16	—
4. 利息支出				17	—
5. 业务招待费				18	4 538.11
6. 广告费和业务宣传费				19	—
7. 教育和公益事业捐赠				20	—
8. 住房公积金				21	—
9. 社会保险费				22	—

4.2.2 实训参考答案

附件 1

个人所得税经营所得纳税申报表（A 表）

税款所属期：20××年 01 月 01 日至 20××年 03 月 31 日

纳税人姓名：李子云

纳税人识别号：430181197810120838　　　　金额单位：人民币元（列至角分）

被投资单位信息	名称	长沙市新食尚饭店	纳税人识别号（统一社会信用代码）	914301111837780231
征收方式	√查账征收（据实预缴）　□查账征收（按上年应纳税所得额预缴） □核定应税所得率征收　□核定应纳税所得额征收 □税务机关认可的其他方式________			

项目	行次	金额/比例
一、收入总额	1	223 196.21
二、成本费用	2	160 847.89
三、利润总额（3=1−2）	3	62 348.32
四、弥补以前年度亏损	4	—
五、应税所得率（%）	5	—
六、合伙企业个人合伙人分配比例（%）	6	—
七、允许扣除的个人费用及其他扣除（7=8+9+14）	7	19 320.00
（一）投资者减除费用	8	15 000.00
（二）专项扣除（9=10+11+12+13）	9	4 320.00
1. 基本养老保险费	10	1 920.00
2. 基本医疗保险费	11	480.00
3. 失业保险费	12	240.00
4. 住房公积金	13	1 680.00
（三）依法确定的其他扣除（14=15+16+17）	14	—
1.	15	—
2.	16	—
3.	17	—
八、应纳税所得额	18	43 028.32
九、税率（%）	19	10%
十、速算扣除数	20	1 500.00
十一、应纳税额（21=18×19−20）	21	2 802.83
十二、减免税额（附报《个人所得税减免税事项报告表》）	22	—
十三、已缴税额	23	—
十四、应补/退税额（24=21−22−23）	24	—

谨声明：本表是根据国家税收法律法规及相关规定填报的，是真实的、可靠的、完整的。 纳税人签字：　　年　月　日	
经办人： 经办人身份证件号码： 代理机构签章： 代理机构统一社会信用代码：	受理人： 受理税务机关（章）： 受理日期：　　年　月　日

国家税务总局监制

附件2

个人所得税经营所得纳税申报表（B表）

税款所属期：20××年01月01日至20××年12月31日

纳税人姓名：李子云

纳税人识别号：430181197810120838　　　　金额单位：人民币元（列至角分）

被投资单位信息	名称	长沙市新食尚饭店	纳税人识别号（统一社会信用代码）	914301111837780231
项目			行次	金额/比例
一、收入总额			1	812 378.36
其中：国债利息收入			2	—
二、成本费用（3=4+5+6+7+8+9+10）			3	641 390.35
（一）营业成本			4	295 756.48
（二）营业费用			5	58 745.24
（三）管理费用			6	273 600.00
（四）财务费用			7	724.35
（五）税金			8	2 564.28
（六）损失			9	—
（七）其他支出			10	10 000.00
三、利润总额（11=1−2−3）			11	170 988.01
四、纳税调整增加额（12=13+27）			12	140 322.47
（一）超过规定标准的扣除项目金额（13=14+15+16+17+18+19+20+21+22+23+24+25+26）			13	5 538.11
1. 职工福利费			14	—
2. 职工教育经费			15	1 000.00
3. 工会经费			16	—
4. 利息支出			17	—
5. 业务招待费			18	4 538.11
6. 广告费和业务宣传费			19	—
7. 教育和公益事业捐赠			20	—
8. 住房公积金			21	—
9. 社会保险费			22	—

10. 折旧费用	23	—
11. 无形资产摊销	24	—
12. 资产损失	25	—
13. 其他	26	—
（二）不允许扣除的项目金额（27＝28＋29＋30＋31＋32＋33＋34＋35＋36）	27	135 684.36
1. 个人所得税税款	28	984.36
2. 税收滞纳金	29	—
3. 罚金、罚款和被没收财物的损失	30	—
4. 不符合扣除规定的捐赠支出	31	10 000.00
5. 赞助支出	32	—
6. 用于个人和家庭的支出	33	27 800.00
7. 与取得生产经营收入无关的其他支出	34	—
8. 投资者工资薪金支出	35	96 000.00
9. 其他不允许扣除的支出	36	—
五、纳税调整减少额	37	—
六、纳税调整后所得（38＝11＋12－37）	38	312 210.48
七、弥补以前年度亏损	39	—
八、合伙企业个人合伙人分配比例（%）	40	—
九、允许扣除的个人费用及其他扣除（41＝42＋43＋48＋55）	41	137 280.00
（一）投资者减除费用	42	60 000.00
（二）专项扣除（43＝44＋45＋46＋47）	43	17 280.00
1. 基本养老保险费	44	7 680.00
2. 基本医疗保险费	45	1 920.00
3. 失业保险费	46	960.00
4. 住房公积金	47	6 720.00
（三）专项附加扣除（48＝49＋50＋51＋52＋53＋54）	48	60 000.00
1. 子女教育	49	24 000.00
2. 继续教育	50	—
3. 大病医疗	51	—
4. 住房贷款利息	52	12 000.00
5. 住房租金	53	—
6. 赡养老人	54	24 000.00
（四）依法确定的其他扣除（55＝56＋57＋58＋59）	55	—
1. 商业健康保险	56	—
2. 税延养老保险	57	—
3.	58	—
4.	59	—

十、投资抵扣	60	—
十一、准予扣除的个人捐赠支出	61	—
十二、应纳税所得额（62＝38－39－41－60－61）或［62＝(38－39)×40－41－60－61］	62	174 930.48
十三、税率（%）	63	20%
十四、速算扣除数	64	10 500.00
十五、应纳税额（65＝62×63－64）	65	24 306.10
十六、减免税额（附报《个人所得税减免税事项报告表》）	66	—
十七、已缴税额	67	23 786.48
十八、应补/退税额（68＝65－66－67）	68	519.62
谨声明：本表是根据国家税收法律法规及相关规定填报的，是真实的、可靠的、完整的。 纳税人签字：　　年　月　日		
经办人： 经办人身份证件号码： 代理机构签章： 代理机构统一社会信用代码：	受理人： 受理税务机关（章）： 受理日期：　　年　月　日	

国家税务总局监制

第5章

5.2 实训参考答案

从租计税的房产原值＝8 000 000＋7 000 000＝15 000 000(元)

从价计税的房产原值＝28 000 000－15 000 000－10 000 000＝3 000 000(元)

以租金收入计征的房产税额＝(480 000＋300 000)×12%＝93 600(元)

以房产原值计征房产税＝3 000 000×(1－30%)×1.2%＝25 200(元)

本期缴纳的房产税＝93 600＋25 200＝118 800(元)

应纳城镇土地使用税＝(100 000－2 500)×7＝682 500(元)

5.3 实训参考答案

(1) 企业领受权利、许可证照应缴纳税额。

应纳印花税＝3×5＝15(元)

(2) 企业订立产权转移书据应纳税额。

应纳印花税＝1 000 000×0.05%＝500(元)

（3）企业订立购销合同应纳税额。

应纳印花税=2 000 000×0.03%=600(元)

（4）企业订立借款合同应纳税额。

应纳印花税=4 000 000×0.005%=200(元)

（5）企业记载资金的账簿。

应纳印花税=8 000 000×0.05%×0.5=2 000(元)

（6）企业其他营业账簿应纳税额。

免征印花税

（7）当年企业应纳印花税。

全年应纳印花税=15+500+600+200+4 000+50=5 365(元)

附录二

增值税发票开具指南

为了进一步优化纳税服务，方便纳税人全面掌握发票政策、规范发票开具，国家税务总局对《增值税发票开具指南》进行了政策更新，供纳税人参考。本指南适用通过增值税发票管理新系统（以下简称新系统）开具的增值税发票，包括增值税专用发票、增值税普通发票、增值税电子普通发票、机动车销售统一发票、二手车销售统一发票，归集政策截止到 2019 年 3 月 6 日。未尽事项按有关规定执行。

第一章　增值税发票种类

第一节　增值税专用发票

增值税专用发票由基本联次或者基本联次附加其他联次构成，分为三联版和六联版两种。基本联次为三联：第一联为记账联，是销售方记账凭证；第二联为抵扣联，是购买方扣税凭证；第三联为发票联，是购买方记账凭证。其他联次用途，由纳税人自行确定。纳税人办理产权过户手续需要使用发票的，可以使用增值税专用发票第六联。

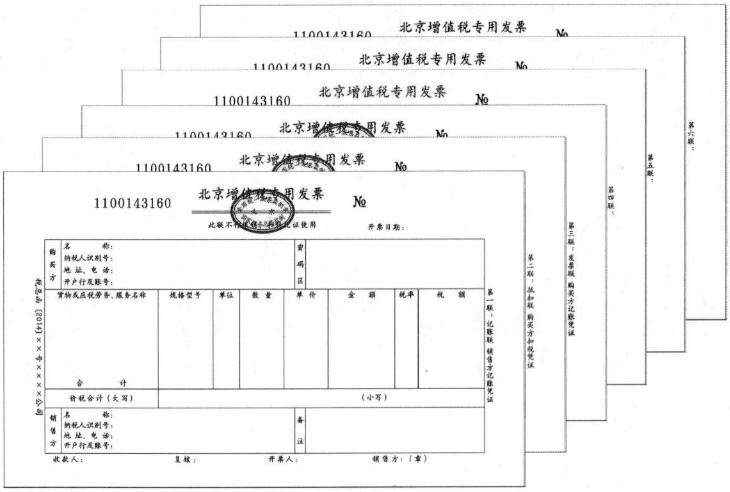

第二节　增值税普通发票

一、增值税普通发票（折叠票）

增值税普通发票（折叠票）由基本联次或者基本联次附加其他联次构成，分为两联版和五联版两种。基本联次为两联：第一联为记账联，是销售方记账凭证；第二联为发票联，是购买方记账凭证。其他联次用途，由纳税人自行确定。纳税人办理产权过户手续需要使用发票的，可以使用增值税普通发票第三联。

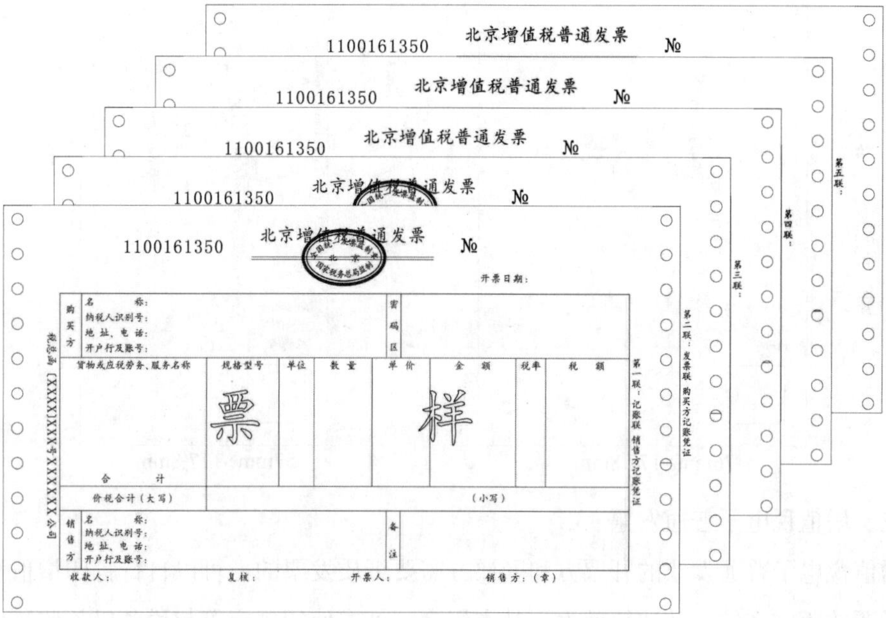

二、增值税普通发票（卷票）

增值税普通发票（卷票）分为两种规格：57mm×177.8mm、76mm×177.8mm，均为单联。

自 2017 年 7 月 1 日起，纳税人可按照《中华人民共和国发票管理办法》及其实施细则要求，书面向国税机关要求使用印有本单位名称的增值税普通发票（卷票），税务机关按规定确认印有该单位名称发票的种类和数量。纳税人通过新系统开具印有本单位名称的增值税普通发票（卷票）。印有本单位名称的增值税普通发票（卷票），由税务总局统一招标采购的增值税普通发票（卷票）中标厂商印制，其式样、规格、联次和防伪措施等与原有增值税普通发票（卷票）一致，并加印企业发票专用章。使用印有本单位名称的增值税普通发票（卷票）的企业，按照《国家税务总局 财政部关于冠名发票印制费结算问题的通知》（税总发〔2013〕53 号）规定，与发票印制企业直接结算印制费用。

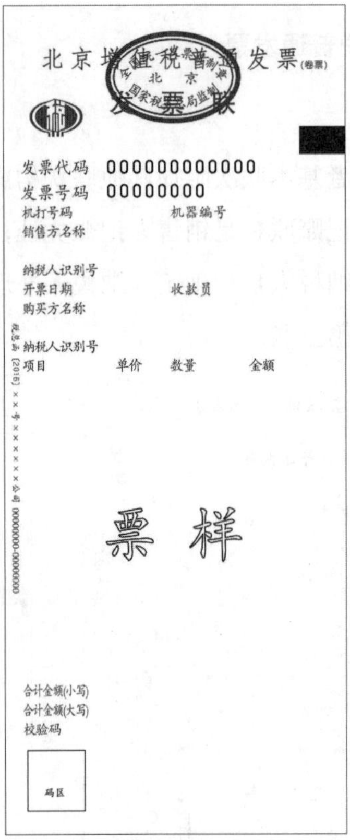
北京增值税普通发票(卷票)

发票联

发票代码 000000000000

发票号码 00000000

机打号码　　机器编号

销售方名称

纳税人识别号

开票日期　　收款员

购买方名称

纳税人识别号

项目　单价　数量　金额

票样

合计金额(小写)

合计金额(大写)

校验码

码区

税总函[2016]××号××××××公司 00000000-0000000

76mm×177.8mm

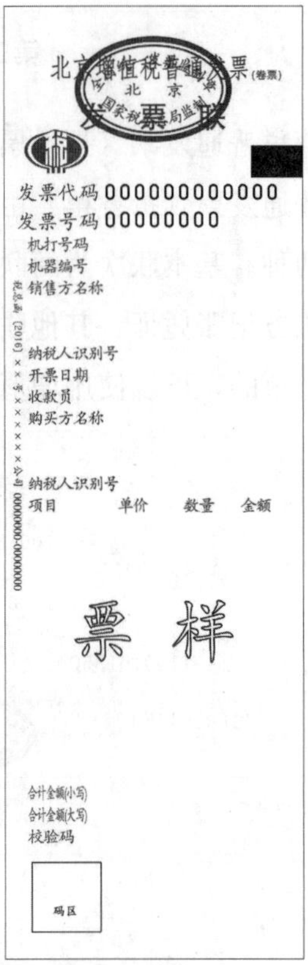
北京增值税普通发票(卷票)

发票联

发票代码 000000000000

发票号码 00000000

机打号码

机器编号

销售方名称

纳税人识别号

开票日期

收款员

购买方名称

纳税人识别号

项目　单价　数量　金额

票样

合计金额(小写)

合计金额(大写)

校验码

码区

税总函[2016]××号××××××公司 00000000-0000000

57mm×177.8mm

三、增值税电子普通发票

增值税电子普通发票的开票方和受票方需要纸质发票的，可以自行打印增值税电子普通发票的版式文件，其法律效力、基本用途、基本使用规定等与税务机关监制的增值税普通发票相同。

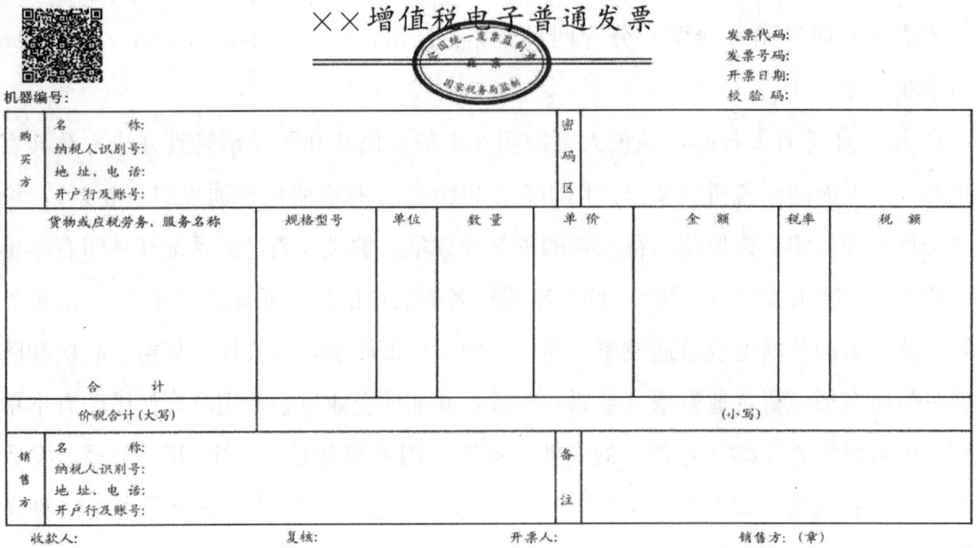
××增值税电子普通发票

发票代码:

发票号码:

开票日期:

校验码:

机器编号:

购买方	名称: 纳税人识别号: 地址、电话: 开户行及账号:	密码区

货物或应税劳务、服务名称	规格型号	单位	数量	单价	金额	税率	税额
合计							
价税合计(大写)					(小写)		

销售方	名称: 纳税人识别号: 地址、电话: 开户行及账号:	备注

收款人:　　复核:　　开票人:　　销售方:(章)

随着区块链技术的发展，深圳市税务局联合腾讯公司开发出区块链电子发票。采用区块链电子发票，经营者可以在区块链上实现发票申领、开具、查验、入账；消费者可以实现区块链上存储、流转、报销；而对于税务监管方、管理方的税务局而言，则可以达到全流程监管的科技创新，实现无纸化智能税务管理。

尺寸：241×139.7 mm

第三节　机动车销售统一发票

从事机动车零售业务的单位和个人，在销售机动车（不包括销售旧机动车）收取款项时，开具机动车销售统一发票。机动车销售统一发票为电脑六联式发票：第一联为发票联，是购货单位付款凭证；第二联为抵扣联，是购货单位扣税凭证；第三联为报税联，车购税征收单位留存；第四联为注册登记联，车辆登记单位留存；第五联为记账联，销货单位记账凭证；第六联为存根联，销货单位留存。

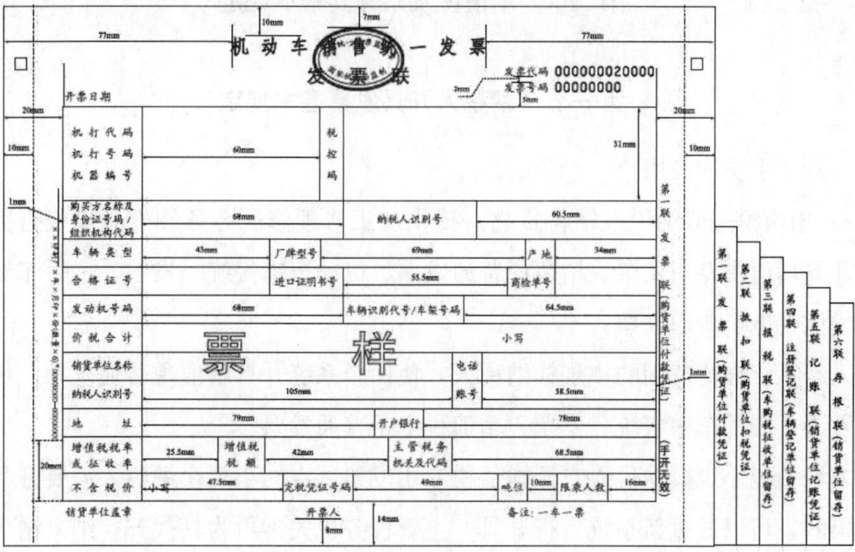

第四节　二手车销售统一发票

自 2018 年 4 月 1 日起，二手车交易市场、二手车经销企业、经纪机构和拍卖企业应当通过增值税发票管理新系统开具二手车销售统一发票。

二手车销售统一发票“车价合计”栏次仅注明车辆价款。二手车交易市场、二手车经销企业、经纪机构和拍卖企业在办理过户手续过程中收取的其他费用，应当单独开具增值税发票。

二手车销售统一发票

发票联

发票代码 000000000000

开票日期：　　　　发票号码 00000000

机打代码 机打号码 机器编号		税控码			
买方单位/个人			单位代码/身份证号码		
买方单位/个人住址				电话	
卖方单位/个人			单位代码/身份证号码		
卖方单位/个人住址				电话	
车牌照号		登记证号		车辆类型	
车架号/车辆识别代码		厂牌型号		转入地车辆管理所名称	
车价合计(大写)				小写	
经营、拍卖单位					
经营、拍卖单位地址			纳税人识别号		
开户银行、帐号				电话	
二手车市场		纳税人识别号			
		地址			
开户银行、帐号				电话	
备注：					

开票单位(盖章)　　工商部门审核(盖章)　　开票人　　手写无效

第一联 发票联

票样

第二章　增值税发票开具基本规定

第一节　纳税人开具发票基本规定

一、开票系统的使用

（一）增值税一般纳税人销售货物、提供加工修理修配劳务和发生应税行为，使用新系统开具增值税专用发票、增值税普通发票、机动车销售统一发票、二手车销售统一发票、增值税电子普通发票。

纳入新系统推行范围的小规模纳税人，使用新系统开具增值税普通发票、机动车销售统一发票、二手车销售统一发票、增值税电子普通发票。

纳入增值税小规模纳税人自开增值税专用发票试点的小规模纳税人需要开具增值税专用发票的，可以通过新系统自行开具，主管税务机关不再为其代开。纳入增值税小规模纳税人自开增值税专用发票试点的小规模纳税人销售其取得的不动产，需要开具增值税专用发票的，须向税务机关申请代开。

（二）税务总局编写了《商品和服务税收分类与编码（试行）》，并在新系统中增加了商品和服务税收分类与编码相关功能。使用新系统的增值税纳税人，应使用新系统选择相应的商品和服务税收分类与编码开具增值税发票。

自2018年1月1日起，纳税人通过增值税发票管理新系统开具增值税发票时，商品和服务税收分类编码对应的简称会自动显示并打印在发票票面“货物或应税劳务、服务名称”或“项目”栏次中。

（三）纳税人应在互联网连接状态下在线使用新系统开具增值税发票，新系统可自动上传已开具的发票明细数据。

纳税人因网络故障等原因无法在线开票的，在税务机关设定的离线开票时限和离线开具发票总金额范围内仍可开票，超限将无法开具发票。纳税人开具发票次月仍未连通网络上传已开具发票明细数据的，也将无法开具发票。纳税人需连通网络上传发票数据后方可开票，若仍无法连通网络的需携带专用设备到税务机关进行征期报税或非征期报税后方可开票。

纳税人已开具未上传的增值税发票为离线发票。离线开票时限是指自第一份离线发票开具时间起开始计算可离线开具的最长时限。离线开票总金额是指可开具离线发票的累计不含税总金额，离线开票总金额按不同票种分别计算。

纳税人离线开票时限和离线开票总金额的设定标准及方法由各省、自治区、直辖市和计划单列市税务局确定。

按照有关规定不使用网络办税或不具备网络条件的特定纳税人，以离线方式开具发票，不受离线开票时限和离线开具发票总金额限制。

二、销售商品、提供服务以及从事其他经营活动的单位和个人，对外发生经营业务收取款项，收款方应当向付款方开具发票；特殊情况下，由付款方向收款方开具发票。

销售方开具增值税发票时，发票内容应按照实际销售情况如实开具，不得根据购买方要求填开与实际交易不符的内容。销售方开具发票时，通过销售平台系统与增值税发票税控系统后台对接，导入相关信息开票的，系统导入的开票数据内容应与实际交易相符，如不相符应及时修改完善销售平台系统。

所有单位和从事生产、经营活动的个人在购买商品、接受服务以及从事其他经营活动支付款项时，应当向收款方取得发票。取得发票时，不得要求变更品名和金额。

任何单位和个人不得有下列虚开发票行为：

（一）为他人、为自己开具与实际经营业务情况不符的发票；

（二）让他人为自己开具与实际经营业务情况不符的发票；

（三）介绍他人开具与实际经营业务情况不符的发票。

不符合规定的发票，不得作为税收凭证用于办理涉税业务，如计税、退税、抵免等。

三、增值税纳税人购买货物、劳务、服务、无形资产或不动产，索取增值税专用发票时，须向销售方提供购买方名称（不得为自然人）、纳税人识别号或统一社会信用代码、地址电话、开户行及账号信息，不需要提供营业执照、税务登记证、组织机构代码证、开户许可证、增值税一般纳税人资格登记表等相关证件或其他证明材料。

自2017年7月1日起，购买方为企业（包括公司、非公司制企业法人、企业分支机构、个人独资企业、合伙企业和其他企业）的，索取增值税普通发票时，应向销售方提供纳税人识别号或统一社会信用代码；销售方为其开具增值税普通发票时，应在“购买方纳税人识别号”栏填写购买方的纳税人识别号或统一社会信用代码。

个人消费者购买货物、劳务、服务、无形资产或不动产，索取增值税普通发票时，不需要向销售方提供纳税人识别号、地址电话、开户行及账号信息，也不需要提供相关证件或其他证明材料。

四、纳税人应在发生增值税纳税义务时开具发票。

单位和个人在开具发票时，必须做到按照号码顺序填开，填写项目齐全，内容真实，字迹清楚，全部联次一次打印，内容完全一致，并在发票联和抵扣联加盖发票专用章。

开具发票应当使用中文。民族自治地方可以同时使用当地通用的一种民族文字。

五、增值税专用发票应按下列要求开具：

（一）项目齐全，与实际交易相符；

（二）字迹清楚，不得压线、错格；

（三）发票联和抵扣联加盖发票专用章；

（四）按照增值税纳税义务的发生时间开具。

不符合上列要求的增值税专用发票，购买方有权拒收。

一般纳税人销售货物、提供加工修理修配劳务和发生应税行为可汇总开具增值税专用发票。汇总开具增值税专用发票的，同时使用新系统开具《销售货物或者提供应税劳务清单》，并加盖发票专用章。

属于下列情形之一的，不得开具增值税专用发票：

（一）向消费者个人销售货物、提供应税劳务或者发生应税行为的；

（二）销售货物、提供应税劳务或者发生应税行为适用增值税免税规定的，法律、法规及国家税务总局另有规定的除外；

（三）部分适用增值税简易征收政策规定的：

1. 增值税一般纳税人的单采血浆站销售非临床用人体血液选择简易计税的。

2. 纳税人销售旧货，按简易办法依3%征收率减按2%征收增值税的。

3. 纳税人销售自己使用过的固定资产，适用按简易办法依3%征收率减按2%征收增值税政策的。

纳税人销售自己使用过的固定资产，适用简易办法依照3%征收率减按2%征收增值税政策的，可以放弃减税，按照简易办法依照3%征收率缴纳增值税，并可以开具增值税专用发票。

（四）法律、法规及国家税务总局规定的其他情形。

六、纳税人在开具增值税专用发票当月，发生销货退回、开票有误等情形，收到退回的发票联、抵扣联符合作废条件的，按作废处理；开具时发现有误的，可即时作废。

作废增值税专用发票须在新系统中将相应的数据电文按“作废”处理，在纸质增值税专用发票（含未打印的增值税专用发票）各联次上注明“作废”字样，全联次留存。

同时具有下列情形的，为本条所称作废条件：

（一）收到退回的发票联、抵扣联，且时间未超过销售方开票当月；

（二）销售方未抄税且未记账；

（三）购买方未认证，或者认证结果为“纳税人识别号认证不符”“增值税专用发票代码、号码认证不符”。

七、纳税人开具增值税专用发票后，发生销货退回、开票有误、应税服务中止等情形但不符合发票作废条件，或者因销货部分退回及发生销售折让，需要开具红字增值税专用发票的，按以下方法处理：

（一）购买方取得增值税专用发票已用于申报抵扣的，购买方可在新系统中填开并上传《开具红字增值税专用发票信息表》（以下简称《信息表》），在填开《信息表》时不填写相对应的蓝字增值税专用发票信息，应暂依《信息表》所列增值税税额从当期进项税额中转出，待取得销售方开具的红字增值税专用发票后，与《信息表》一并作为记账凭证。

购买方取得增值税专用发票未用于申报抵扣、但发票联或抵扣联无法退回的，购买方填开《信息表》时应填写相对应的蓝字增值税专用发票信息。

销售方开具增值税专用发票尚未交付购买方，以及购买方未用于申报抵扣并将发票联及抵扣联退回的，销售方可在新系统中填开并上传《信息表》。销售方填开《信息表》

时应填写相对应的蓝字增值税专用发票信息。

（二）主管税务机关通过网络接收纳税人上传的《信息表》，系统自动校验通过后，生成带有“红字发票信息表编号”的《信息表》，并将信息同步至纳税人端系统中。

（三）销售方凭税务机关系统校验通过的《信息表》开具红字增值税专用发票，在新系统中以销项负数开具。红字增值税专用发票应与《信息表》一一对应。

（四）纳税人也可凭《信息表》电子信息或纸质资料到税务机关对《信息表》内容进行系统校验。

八、纳税人开具增值税普通发票后，如发生销货退回、开票有误、应税服务中止等情形但不符合发票作废条件，或者因销货部分退回及发生销售折让，需要开具红字发票的，应收回原发票并注明“作废”字样或取得对方有效证明。

纳税人需要开具红字增值税普通发票的，可以在所对应的蓝字发票金额范围内开具多份红字发票。红字机动车销售统一发票需与原蓝字机动车销售统一发票一一对应。

九、一般纳税人一律自开增值税发票。

第二节　税务机关代开发票基本规定

一、代开发票范围

（一）已办理税务登记的小规模纳税人（包括个体工商户）以及国家税务总局确定的其他可予代开增值税专用发票的纳税人，发生增值税应税行为，可以申请代开增值税专用发票。

（二）有下列情形之一的，可以向税务机关申请代开增值税普通发票：

1. 被税务机关依法收缴发票或者停止发售发票的纳税人，取得经营收入需要开具增值税普通发票的；

2. 正在申请办理税务登记的单位和个人，对其自领取营业执照之日起至取得税务登记证件期间发生的业务收入需要开具增值税普通发票的；

3. 应办理税务登记而未办理的单位和个人，主管税务机关应当依法予以处理，并在补办税务登记手续后，对其自领取营业执照之日起至取得税务登记证件期间发生的业务收入需要开具增值税普通发票的；

4. 依法不需要办理税务登记的单位和个人，临时取得收入，需要开具增值税普通发票的。

二、代开发票种类

税务机关使用新系统代开增值税专用发票和增值税普通发票。代开增值税专用发票使用六联票，代开增值税普通发票使用五联票。

纳税人销售其取得的不动产和其他个人出租不动产申请代开增值税专用发票，第四联由代开发票岗位留存，以备发票扫描补录；第五联交征收岗位留存，用于代开发票与征收税款的定期核对；其他联次交纳税人。纳税人因其他业务申请代开增值税专用发票的，第五联由代开发票岗位留存，以备发票的扫描补录；第六联交税款征收岗位，用于代开发票税额与征收税款的定期核对；其他联次交增值税纳税人。

税务机关代开发票部门通过新系统代开增值税发票，系统自动在发票上打印“代开”字样。

三、代开发票办理流程

（一）提交《代开增值税发票缴纳税款申报单》；

（二）自然人申请代开发票，提交身份证件及复印件；

其他纳税人申请代开发票，提交加载统一社会信用代码的营业执照（或税务登记证或组织机构代码证）、经办人身份证件及复印件。

（三）申报缴纳增值税等有关税费。

（四）领取发票。

四、税务机关代开发票具体规定

（一）税务机关代开发票岗位应按下列要求填开增值税发票：

1.“单价”和“金额”栏分别填写不含增值税税额的单价和销售额；

2.“税率”栏填写增值税征收率。

3.“销售方名称”栏填写代开税务机关名称；

4.“销售方纳税人识别号”栏填写代开税务机关的统一代码。

5.“销售方开户行及账号”栏填写税收完税凭证字轨及号码或系统税票号码（免税代开增值税普通发票可不填写）。

6. 备注栏

(1) 备注栏内注明纳税人名称和纳税人识别号。

(2) 税务机关为跨县（市、区）提供不动产经营租赁服务、建筑服务的小规模纳税人（不包括其他个人），代开增值税发票时，在发票备注栏中自动打印‘YD’字样。

(3) 税务机关为纳税人代开建筑服务发票时应在发票的备注栏注明建筑服务发生地县（市、区）名称及项目名称。

(4) 税务机关为个人保险代理人汇总代开增值税发票时，应在备注栏内注明“个人保险代理人汇总代开”字样。

(5) 税务机关为出售或出租不动产代开发票时应在备注栏注明不动产的详细地址。

7. 代开增值税普通发票的，购买方为自然人或符合下列4项条件之一的单位（机构），纳税人识别号可不填写：

（1）我国在境外设立的组织机构；

（2）非常设组织机构；

（3）组织机构的内设机构；

（4）军队、武警部队的序列单位等。

（二）印章加盖

增值税纳税人应在代开增值税专用发票的备注栏上，加盖本单位的发票专用章（为其他个人代开的特殊情况除外）。税务机关在代开增值税普通发票以及为其他个人代开增值税专用发票的备注栏上，加盖税务机关代开发票专用章。

（三）月销售额不超过3万元（按季纳税9万元）的增值税小规模纳税人代开增值税专用发票税款有关问题

增值税小规模纳税人月销售额不超过3万元（按季纳税9万元）的，当期因代开增值税专用发票已经缴纳的税款，在增值税专用发票全部联次追回或者按规定开具红字增值税专用发票后，可以向主管税务机关申请退还。

五、纳税人销售其取得的不动产以及其他个人出租不动产代开发票

（一）增值税小规模纳税人销售其取得的不动产以及其他个人出租不动产，购买方或承租方不属于其他个人的，纳税人缴纳增值税后可以向税务机关申请代开增值税专用发票。不能自开增值税普通发票的小规模纳税人销售其取得的不动产，以及其他个人出租不动产，可以向税务机关申请代开增值税普通发票。

（二）其他个人委托房屋中介、住房租赁企业等单位出租不动产，需要向承租方开具增值税发票的，可以由受托单位代其向主管税务机关按规定申请代开增值税发票。

（三）税务机关代开发票岗位应按下列要求填开增值税发票：

1.“税率”栏填写增值税征收率。免税、差额征税以及其他个人出租其取得的不动产适用优惠政策减按1.5%征收的，“税率”栏自动打印“＊＊＊”。

2.“销售方名称”栏填写代开税务局名称。

3.“销售方纳税人识别号”栏填写代开发票税务局代码。

4.“销售方开户行及账号”栏填写税收完税凭证字轨及号码（免税代开增值税普通发票可不填写）。

5.备注栏填写销售或出租不动产纳税人的名称、纳税人识别号（或者组织机构代码）、不动产的详细地址。

6.差额征税代开发票，通过系统中差额征税开票功能，录入含税销售额（或含税评估额）和扣除额，系统自动计算税额和金额，备注栏自动打印“差额征税”字样。

7. 纳税人销售其取得的不动产代开发票，“货物或应税劳务、服务名称”栏填写不动产名称及房屋产权证书号码，“单位”栏填写面积单位。

8. 按照核定计税价格征税的，“金额”栏填写不含税计税价。

9. 其他项目按照增值税发票填开的有关规定填写。

10. 代开发票部门应在代开增值税发票的备注栏上，加盖税务机关代开发票专用章。

六、货物运输业小规模纳税人在非税务登记地申请代开增值税专用发票

（一）自 2018 年 1 月 1 日起，纳税人在境内提供公路或内河货物运输服务，需要开具增值税专用发票的，可在税务登记地、货物起运地、货物到达地或运输业务承揽地（含互联网物流平台所在地）中任何一地，就近向税务机关申请代开增值税专用发票。

（二）申请在非税务登记地税务机关代开增值税专用发票的纳税人，应同时具备以下条件：

1. 在中华人民共和国境内提供公路或内河货物运输服务，并办理了工商登记和税务登记。

2. 提供公路货物运输服务的，取得《中华人民共和国道路运输经营许可证》和《中华人民共和国道路运输证》；提供内河货物运输服务的，取得《中华人民共和国水路运输经营许可证》和《中华人民共和国水路运输证》。

3. 在税务登记地主管税务机关按增值税小规模纳税人管理。

（三）纳税人将营运资质和营运机动车、船舶信息向主管税务机关进行备案后，可向非税务登记地税务机关申请代开增值税专用发票，并向代开单位提供以下资料：

1.《货物运输业代开增值税专用发票缴纳税款申报单》。

2. 加载统一社会信用代码的营业执照（或税务登记证或组织机构代码证）复印件。

3. 经办人身份证件及复印件。

纳税人申请代开增值税专用发票时，应按机动车号牌或船舶登记号码分别填写《申报单》，挂车应单独填写《申报单》。《申报单》中填写的运输工具相关信息，必须与其向主管税务机关备案的信息一致。

（四）纳税人申请代开增值税专用发票时，应按照所代开增值税专用发票上注明的税额向代开单位全额缴纳增值税。

（五）纳税人代开专用发票后，如发生服务中止、折让、开票有误等情形，需要作废增值税专用发票、开具增值税红字专用发票、重新代开增值税专用发票、办理退税等事宜的，应由原代开单位按照现行规定予以受理。

第三章　增值税发票开具特殊规定

第一节　建筑服务

一、建筑服务发票开具基本规定

提供建筑服务，纳税人自行开具或者税务机关代开增值税发票时，应在发票的备注栏注明建筑服务发生地县（市、区）名称及项目名称。

二、小规模纳税人提供建筑服务发票开具规定

小规模纳税人提供建筑服务，应以取得的全部价款和价外费用扣除支付的分包款后的余额为销售额，按照3%的征收率计算应纳税额。

发票开具：小规模纳税人跨县（市、区）提供建筑服务，不能自行开具增值税发票的，可向建筑服务发生地主管国税机关按照其取得的全部价款和价外费用申请代开增值税发票。

第二节　销售不动产

一、销售不动产发票开具基本规定

销售不动产，纳税人自行开具或者税务机关代开增值税发票时，应在发票"货物或应税劳务、服务名称"栏填写不动产名称及房屋产权证书号码（无房屋产权证书的可不填写），"单位"栏填写面积单位，备注栏注明不动产的详细地址。

二、房地产开发企业销售自行开发的房地产项目发票开具规定

（一）房地产开发企业中的一般纳税人销售其自行开发的房地产项目（选择简易计税方法的房地产老项目除外），以取得的全部价款和价外费用，扣除受让土地时向政府部门支付的土地价款、在取得土地时向其他单位或个人支付的拆迁补偿费用后的余额为销售额。

房地产开发企业中的一般纳税人销售自行开发的房地产老项目，可以选择适用简易计税方法，以取得的全部价款和价外费用为销售额，不得扣除对应的土地价款。

发票开具：一般纳税人销售自行开发的房地产项目，自行开具增值税发票。一般纳税人销售自行开发的房地产项目，其2016年4月30日前收取并已向主管税务机关申报缴纳营业税的预收款，未开具营业税发票的，可以开具增值税普通发票，不得开具增值税专用发票，本条规定并无开具增值税普通发票的时间限制。一般纳税人向其他个人销售自行开发的房地产项目，不得开具增值税专用发票。

（二）房地产开发企业中的小规模纳税人，销售自行开发的房地产项目，按照5%

的征收率计税。

发票开具：小规模纳税人销售自行开发的房地产项目，自行开具增值税普通发票。购买方需要增值税专用发票的，小规模纳税人向主管税务机关申请代开。小规模纳税人销售自行开发的房地产项目，其2016年4月30日前收取并已向主管税务机关申报缴纳营业税的预收款，未开具营业税发票的，可以开具增值税普通发票，不得申请代开增值税专用发票，本条规定并无开具增值税普通发票的时间限制。小规模纳税人向其他个人销售自行开发的房地产项目，不得申请代开增值税专用发票。

第三节 金融服务

一、金融商品转让业务发票开具规定

金融商品转让，按照卖出价扣除买入价后的余额为销售额。

发票开具：金融商品转让，不得开具增值税专用发票。

二、贴现、转贴现业务发票开具规定

自2018年1月1日起，金融机构开展贴现、转贴现业务需要就贴现利息开具发票的，由贴现机构按照票据贴现利息全额向贴现人开具增值税普通发票，转贴现机构按照转贴现利息全额向贴现机构开具增值税普通发票。

三、汇总纳税的金融机构发票开具规定

采取汇总纳税的金融机构，省、自治区所辖地市以下分支机构可以使用地市级机构统一领取的增值税专用发票、增值税普通发票、增值税电子普通发票；直辖市、计划单列市所辖区县及以下分支机构可以使用直辖市、计划单列市机构统一领取的增值税专用发票、增值税普通发票、增值税电子普通发票。

四、保险服务发票开具规定

（一）保险机构作为车船税扣缴义务人，在代收车船税并开具增值税发票时，应在增值税发票备注栏中注明代收车船税税款信息。具体包括：保险单号、税款所属期（详细至月）、代收车船税金额、滞纳金金额、金额合计等。该增值税发票可作为纳税人缴纳车船税及滞纳金的会计核算原始凭证。

（二）为自然人提供的保险服务不得开具增值税专用发票，可以开具增值税普通发票。

五、个人代理人汇总代开具体规定

（一）接受税务机关委托代征税款的保险企业，向个人保险代理人支付佣金费用后，可代个人保险代理人统一向主管税务机关申请汇总代开增值税普通发票或增值税专用发票。

（二）保险企业代个人保险代理人申请汇总代开增值税发票时，应向主管税务机关出具个人保险代理人的姓名、身份证号码、联系方式、付款时间、付款金额、代征税款的详细清单。

保险企业应将个人保险代理人的详细信息，作为代开增值税发票的清单，随发票入账。

（三）主管税务机关为个人保险代理人汇总代开增值税发票时，应在备注栏内注明“个人保险代理人汇总代开”字样。

（四）证券经纪人、信用卡和旅游等行业的个人代理人比照上述规定执行。

第四节　生活服务业

一、旅游服务发票开具规定

全面推开营业税改征增值税试点纳税人提供旅游服务，可以选择以取得的全部价款和价外费用，扣除向旅游服务购买方收取并支付给其他单位或者个人的住宿费、餐饮费、交通费、签证费、门票费和支付给其他接团旅游企业的旅游费用后的余额为销售额。

发票开具：选择上述办法计算销售额的试点纳税人，向旅游服务购买方收取并支付的上述费用，不得开具增值税专用发票，可以开具增值税普通发票。

二、教育辅助服务发票开具规定

境外单位通过教育部考试中心及其直属单位在境内开展考试，教育部考试中心及其直属单位应以取得的考试费收入扣除支付给境外单位考试费后的余额为销售额，按提供“教育辅助服务”缴纳增值税；就代为收取并支付给境外单位的考试费统一扣缴增值税。

发票开具：教育部考试中心及其直属单位代为收取并支付给境外单位的考试费，不得开具增值税专用发票，可以开具增值税普通发票。

第五节　部分现代服务

一、不动产租赁业务发票开具规定

个人出租住房，应按照5％的征收率减按1.5％计算应纳税额。

发票开具：纳税人自行开具或者税务机关代开增值税发票时，通过新系统中征收率减按1.5％征收开票功能，录入含税销售额，系统自动计算税额和不含税金额，发票开具不应与其他应税行为混开。

二、物业管理服务发票开具规定

提供物业管理服务的纳税人，向服务接受方收取的自来水水费，以扣除其对外支付的自来水水费后的余额为销售额，按照简易计税办法依3%的征收率计算缴纳增值税。

发票开具：纳税人可以按3%向服务接受方开具增值税专用发票或增值税普通发票。

三、劳务派遣服务发票开具规定

（一）一般纳税人提供劳务派遣服务，可以选择差额纳税，以取得的全部价款和价外费用，扣除代用工单位支付给劳务派遣员工的工资、福利和为其办理社会保险及住房公积金后的余额为销售额，按照简易计税方法依5%的征收率计算缴纳增值税。

（二）小规模纳税人提供劳务派遣服务，可以选择差额纳税，以取得的全部价款和价外费用，扣除代用工单位支付给劳务派遣员工的工资、福利和为其办理社会保险及住房公积金后的余额为销售额，按照简易计税方法依5%的征收率计算缴纳增值税。

发票开具：纳税人提供劳务派遣服务，选择差额纳税的，向用工单位收取用于支付给劳务派遣员工工资、福利和为其办理社会保险及住房公积金的费用，不得开具增值税专用发票，可以开具增值税普通发票。

纳税人提供安全保护服务，比照劳务派遣服务政策执行。

四、人力资源外包服务发票开具规定

纳税人提供人力资源外包服务，按照经纪代理服务缴纳增值税，其销售额不包括受客户单位委托代为向客户单位员工发放的工资和代理缴纳的社会保险、住房公积金。

发票开具：纳税人提供人力资源外包服务，向委托方收取并代为发放的工资和代理缴纳的社会保险、住房公积金，不得开具增值税专用发票，可以开具增值税普通发票。

五、经纪代理服务发票开具规定

（一）经纪代理服务，以取得的全部价款和价外费用，扣除向委托方收取并代为支付的政府性基金或者行政事业性收费后的余额为销售额。

发票开具：向委托方收取并代为支付的政府性基金或者行政事业性收费不得开具增值税专用发票，但可以开具增值税普通发票。

（二）纳税人提供签证代理服务，以取得的全部价款和价外费用，扣除向服务接受方收取并代为支付给外交部和外国驻华使（领）馆的签证费、认证费后的余额为销售额。

发票开具：纳税人向服务接受方收取并代为支付的签证费、认证费，不得开具增值税专用发票，可以开具增值税普通发票。

（三）纳税人代理进口按规定免征进口增值税的货物，其销售额不包括向委托方收取并代为支付的货款。

发票开具：向委托方收取并代为支付的款项，不得开具增值税专用发票，可以开具增值税普通发票。

第六节　交通运输服务

一、货物运输服务发票开具基本规定

纳税人提供货物运输服务，使用增值税专用发票和增值税普通发票，开具发票时应将起运地、到达地、车种车号以及运输货物信息等内容填写在发票备注栏中，如内容较多可另附清单。

二、铁路运输企业发票开具规定

铁路运输企业受托代征的印花税款信息，可填写在发票备注栏中。中国铁路总公司及其所属运输企业（含分支机构）提供货物运输服务，可自2015年11月1日起使用增值税专用发票和增值税普通发票，所开具的铁路货票、运费杂费收据可作为发票清单使用。

三、互联网物流平台企业代开增值税专用发票试点

（一）经省局批准，互联网物流平台企业可以为同时符合以下条件的货物运输业小规模纳税人代开增值税专用发票，并代办相关涉税事项。

1. 在中华人民共和国境内（以下简称境内）提供公路或内河货物运输服务，并办理了工商登记和税务登记。

2. 提供公路货物运输服务的，取得《中华人民共和国道路运输经营许可证》和《中华人民共和国道路运输证》；提供内河货物运输服务的，取得《中华人民共和国水路运输经营许可证》和《中华人民共和国水路运输证》。

3. 在税务登记地主管税务机关按增值税小规模纳税人管理。

4. 注册为该平台会员。

（二）纳入试点范围的互联网物流平台企业，应当具备以下条件：

1. 国务院交通运输主管部门公布的无车承运人试点企业，且试点资格和无车承运人经营资质在有效期内。

2. 平台应实现会员管理、交易撮合、运输管理等相关系统功能，具备物流信息全流程跟踪、记录、存储、分析能力。

（三）试点企业按照以下规定代开增值税专用发票：

1. 试点企业仅限于为符合条件的会员，通过本平台承揽的货物运输业务代开专用发票。

2. 试点企业应与会员签订委托代开专用发票协议，协议范本由省局统一制定。

3. 试点企业使用自有专用发票开票系统，按照3%的征收率代开专用发票，并在

发票备注栏注明会员的纳税人名称和统一社会信用代码（或税务登记证号码或组织机构代码）。

货物运输服务接受方以试点企业代开的专用发票作为增值税扣税凭证，抵扣进项税额。

4. 试点企业代开的专用发票，相关栏次内容应与会员通过本平台承揽的运输业务，以及本平台记录的物流信息保持一致。平台记录的交易、资金、物流等相关信息应统一存储，以备核查。

5. 试点企业接受会员提供的货物运输服务，不得为会员代开专用发票。试点企业可以代会员向试点企业主管税务机关申请代开专用发票，并据以抵扣进项税额。

6. 试点企业代开专用发票不得收取任何费用。

第七节　小规模纳税人自开增值税专用发票试点

一、住宿业

自 2016 年 8 月 1 日起，月销售额超过 3 万元（或季销售额超过 9 万元）的住宿业增值税小规模纳税人，提供住宿服务、销售货物或发生其他应税行为，需要开具增值税专用发票的，通过新系统自行开具，主管税务机关不再为其代开，销售其取得的不动产，需要开具增值税专用发票的，仍须向税务机关申请代开。

二、鉴证咨询业

自 2017 年 3 月 1 日起，月销售额超过 3 万元（或季销售额超过 9 万元）的鉴证咨询业增值税小规模纳税人提供认证服务、鉴证服务、咨询服务、销售货物或发生其他增值税应税行为，需要开具增值税专用发票的，可以通过新系统自行开具，主管税务机关不再为其代开，销售其取得的不动产，需要开具增值税专用发票的，仍须向税务机关申请代开。

三、建筑业

自 2017 年 6 月 1 日起，月销售额超过 3 万元（或季销售额超过 9 万元）的建筑业增值税小规模纳税人提供建筑服务、销售货物或发生其他增值税应税行为，需要开具增值税专用发票的，通过增值税发票管理新系统自行开具，销售其取得的不动产，需要开具增值税专用发票的，仍须向税务机关申请代开。

四、工业以及信息传输、软件和信息技术服务业

自 2018 年 2 月 1 日起，月销售额超过 3 万元（或季销售额超过 9 万元）的工业以及信息传输、软件和信息技术服务业增值税小规模纳税人发生增值税应税行为，需要开具增值税专用发票的，可以通过增值税发票管理新系统自行开具，销售其取得的不动

产，需要开具增值税专用发票的，应当按照有关规定向税务机关申请代开。

第八节　其他开具规定

一、差额征税发票开具规定

纳税人或者税务机关通过新系统中差额征税开票功能开具增值税发票时，录入含税销售额（或含税评估额）和扣除额，系统自动计算税额和不含税金额，备注栏自动打印“差额征税”字样，发票开具不应与其他应税行为混开。

二、电子发票开具规定

（一）使用增值税电子普通发票的纳税人应通过增值税电子发票系统开具。

（二）增值税电子普通发票的开票方和受票方需要纸质发票的，可以自行打印增值税电子普通发票的版式文件，其法律效力、基本用途、基本使用规定等与税务机关监制的增值税普通发票相同。

三、机动车销售统一发票开具规定

（一）纳税人从事机动车（旧机动车除外）零售业务须开具机动车销售统一发票。

（二）“纳税人识别号”栏内打印购买方纳税人识别号，如购买方需要抵扣增值税税款，该栏必须填写。

（三）填写“购买方名称及身份证号码/组织机构代码”栏时，“身份证号码/组织机构代码”应换行打印在“购买方名称”的下方。

（四）“完税凭证号码”栏内打印代开机动车销售统一发票时对应开具的增值税完税证号码，自开机动车销售统一发票时此栏为空。

（五）纳税人销售免征增值税的机动车，通过新系统开具时应在机动车销售统一发票“增值税税率或征收率”栏选填“免税”，机动车销售统一发票“增值税税率或征收率”栏自动打印显示“免税”，“增值税税额”栏自动打印显示“＊＊＊”；机动车销售统一发票票面“不含税价”栏和“价税合计”栏填写金额相等。

（六）如发生退货的，应在价税合计的大写金额第一字前加“负数”字，在小写金额前加“—”号。

（七）纳税人丢失机动车销售统一发票的，如在办理车辆登记和缴纳车辆购置税手续前丢失的，应先按照以下程序办理补开机动车销售统一发票的手续，再按已丢失发票存根联的信息开红字发票。

补开机动车销售统一发票的具体程序为：

1. 丢失机动车销售统一发票的消费者到机动车销售单位取得机动车销售统一发票存根联复印件（加盖销售单位发票专用章）；

2. 到机动车销售方所在地主管税务机关盖章确认并登记备案；

3. 由机动车销售单位重新开具与原机动车销售统一发票存根联内容一致的机动车销售统一发票。

四、收购业务发票开具规定

纳税人通过新系统使用增值税普通发票开具收购发票，系统在发票左上角自动打印“收购”字样。

五、稀土企业发票开具规定

（一）从事稀土产品生产、商贸流通的增值税一般纳税人必须通过新系统开具增值税专用发票和增值税普通发票。

（二）销售稀土产品必须开具增值税专用发票，增值税专用发票的“货物或应税劳务”栏内容通过系统中的稀土产品目录库选择，“单位”栏选择公斤或吨，“数量”栏按照折氧化物计量填写，系统在发票左上角自动打印“XT”字样。

（三）销售稀土产品以及其他货物或应税劳务，应当分别开具发票。销售稀土矿产品和稀土冶炼分离产品也应当分别开具发票，不得在同一张发票上混开。

（四）不得汇总开具增值税专用发票。

六、预付卡业务发票开具规定

（一）单用途商业预付卡（以下简称单用途卡）业务按照以下规定执行：

1. 单用途卡发卡企业或者售卡企业（以下统称售卡方）销售单用途卡，或者接受单用途卡持卡人充值取得的预收资金，不缴纳增值税。售卡方可按照规定，向购卡人、充值人开具增值税普通发票，不得开具增值税专用发票。

2. 持卡人使用单用途卡购买货物或服务时，货物或者服务的销售方应按照现行规定缴纳增值税，且不得向持卡人开具增值税发票。

3. 销售方与售卡方不是同一个纳税人的，销售方在收到售卡方结算的销售款时，应向售卡方开具增值税普通发票，并在备注栏注明“收到预付卡结算款”，不得开具增值税专用发票。

售卡方从销售方取得的增值税普通发票，作为其销售单用途卡或接受单用途卡充值取得预收资金不缴纳增值税的凭证，留存备查。

（二）支付机构预付卡（以下简称多用途卡）业务按照以下规定执行：

1. 支付机构销售多用途卡取得的等值人民币资金，或者接受多用途卡持卡人充值取得的充值资金，不缴纳增值税。支付机构可按照规定，向购卡人、充值人开具增值税普通发票，不得开具增值税专用发票。

2. 持卡人使用多用途卡，向与支付机构签署合作协议的特约商户购买货物或服务，特约商户应按照现行规定缴纳增值税，且不得向持卡人开具增值税发票。

3. 特约商户收到支付机构结算的销售款时，应向支付机构开具增值税普通发票，并在备注栏注明“收到预付卡结算款”，不得开具增值税专用发票。

支付机构从特约商户取得的增值税普通发票，作为其销售多用途卡或接受多用途卡充值取得预收资金不缴纳增值税的凭证，留存备查。

（三）发售加油卡、加油凭证销售成品油的纳税人（以下简称预售单位）在售卖加油卡、加油凭证时，应按预收账款方法做相关账务处理，不征收增值税。

预售单位在发售加油卡或加油凭证时可开具普通发票，如购油单位要求开具增值税专用发票，待用户凭卡或加油凭证加油后，根据加油卡或加油凭证回笼记录，向购油单位开具增值税专用发票。接受加油卡或加油凭证销售成品油的单位与预售单位结算油款时，接受加油卡或加油凭证销售成品油的单位根据实际结算的油款向预售单位开具增值税专用发票。

七、不征收增值税项目发票开具规定

商品和服务税收分类与编码的“6 未发生销售行为的不征税项目”，用于纳税人收取款项但未发生销售货物、应税劳务、服务、无形资产或不动产的情形。

“未发生销售行为的不征税项目”下设601“预付卡销售和充值”、602“销售自行开发的房地产项目预收款”、603“已申报缴纳营业税未开票补开票”。

使用“未发生销售行为的不征税项目”编码，发票税率栏应填写“不征税”，不得开具增值税专用发票。

八、营业税涉税业务发票补开

纳税人2016年5月1日前发生的营业税涉税业务，包括已经申报缴纳营业税或补缴营业税的业务，需要补开发票的，可以开具增值税普通发票。纳税人应完整保留相关资料备查。

九、税务机构改革涉及发票问题

2018年6月15日起，启用新的发票监制章。省税务局成立前原国税机关已监制的发票在2018年12月31日前可以继续使用。

新税务机构挂牌后，国家税务总局各省、自治区、直辖市和计划单列市税务局（以下简称“各省（区、市）税务局”）将启用新的发票监制章。增值税电子普通发票（含收费公路通行费增值税电子普通发票，下同）版式文件上的发票监制章，相应修改为各省（区、市）税务局新启用的发票监制章。

十、通行费电子发票开具

（一）通行费电子发票分为以下两种：

1. 左上角标识“通行费”字样，且税率栏次显示适用税率或征收率的通行费电子发票（以下称征税发票）。

2. 左上角无“通行费”字样，且税率栏次显示“不征税”的通行费电子发票（以下称不征税发票）。

（二）通行费电子发票开具流程。

1. 办理ETC卡或用户卡。

2. 登录发票服务平台网站 www.txffp.com 或“票根”App账户注册。

3. 绑定ETC卡或用户卡。

4. 客户登录发票服务平台，选取需要开具发票的充值或消费交易记录，申请生成通行费电子发票。

（三）通行费电子发票提醒点

1. ETC后付费客户和用户卡客户索取发票的，通过经营性收费公路的部分，在发票服务平台取得由收费公路经营管理单位开具的征税发票；通过政府还贷性收费公路的部分，在发票服务平台取得暂由ETC客户服务机构开具的不征税发票。

2. ETC预付费客户可以自行选择在充值后索取发票或者实际发生通行费用后索取发票。

在充值后索取发票的，在发票服务平台取得由ETC客户服务机构全额开具的不征税发票，实际发生通行费用后，ETC客户服务机构和收费公路经营管理单位均不再向其开具发票。

客户在充值后未索取不征税发票，在实际发生通行费用后索取发票的，通过经营性收费公路的部分，在发票服务平台取得由收费公路经营管理单位开具的征税发票；通过政府还贷性收费公路的部分，在发票服务平台取得暂由ETC客户服务机构开具的不征税发票。

3. 未办理ETC卡或用户卡的现金客户，暂按原有方式交纳通行费和索取票据。

4. 客户使用ETC卡或用户卡通行收费公路并交纳通行费的，可以在实际发生通行费用后第10个自然日（遇法定节假日顺延）起，登录发票服务平台，选择相应通行记录取得通行费电子发票；客户可以在充值后实时登录发票服务平台，选择相应充值记录取得通行费电子发票。

5. 发票服务平台应当将通行费电子发票对应的通行明细清单留存备查。

6. 纳税人支付的道路通行费，按照收费公路通行费增值税电子普通发票上注明的增值税额抵扣进项税额。

第四章　发票查验、丢失处理及违章处理

第一节　发票查验

取得增值税发票的单位和个人可登录全国增值税发票查验平台（https://inv-veri.chinatax.gov.cn），对新系统开具的增值税专用发票、增值税普通发票、机动车销售统一发票、二手车销售统一发票和增值税电子普通发票的发票信息进行查验，单位和个人通过网页浏览器首次登录平台时，应下载安装根证书文件，查看平台提供的发票查验操作说明。

发票认证抵扣规定如下：

自2017年7月1日起，增值税一般纳税人取得的2017年7月1日及以后开具的增值税专用发票和机动车销售统一发票，应自开具之日起360日内认证或登录增值税发票选择确认平台进行确认，并在规定的纳税申报期内，向主管税务机关申报抵扣进项税额。

增值税一般纳税人取得的2017年7月1日及以后开具的海关进口增值税专用缴款书，应自开具之日起360日内向主管税务机关报送《海关完税凭证抵扣清单》，申请稽核比对。

纳税人取得的2017年6月30日前开具的增值税扣税凭证，仍按《国家税务总局关于调整增值税扣税凭证抵扣期限有关问题的通知》（国税函〔2009〕617号）执行。

第二节　发票丢失处理

纳税人丢失增值税专用发票的，按以下方法处理：

一般纳税人丢失已开具增值税专用发票的抵扣联，如果丢失前已认证相符的，可使用增值税专用发票发票联复印件留存备查，如果丢失前未认证的，可使用增值税专用发票发票联认证，增值税专用发票发票联复印件留存备查。

一般纳税人丢失已开具增值税专用发票的发票联，可将增值税专用发票抵扣联作为记账凭证，增值税专用发票抵扣联复印件留存备查。

一般纳税人丢失已开具增值税专用发票的发票联和抵扣联，如果丢失前已认证相符的，购买方可凭销售方提供的相应增值税专用发票记账联复印件及销售方主管税务机关出具的《丢失增值税专用发票已报税证明单》（以下统称《证明单》），作为增值税进项税额的抵扣凭证；如果丢失前未认证的，购买方凭销售方提供的相应增值税专用发票记账联复印件进行认证，认证相符的可凭增值税专用发票记账联复印件及销售方主管税务

机关出具的《证明单》，作为增值税进项税额的抵扣凭证。增值税专用发票记账联复印件和《证明单》留存备查。

第三节　发票违章处理

一、违反《中华人民共和国发票管理办法》的规定，有下列情形之一的，由税务机关责令改正，可以处 1 万元以下的罚款；有违法所得的予以没收：

（一）应当开具而未开具发票，或者未按照规定的时限、顺序、栏目，全部联次一次性开具发票，或者未加盖发票专用章的；

（二）使用税控装置开具发票，未按期向主管税务机关报送开具发票的数据的；

（三）扩大发票使用范围的；

（四）以其他凭证代替发票使用的；

（五）跨规定区域开具发票的；

（六）未按照规定缴销发票的；

（七）未按照规定存放和保管发票的。

二、跨规定的使用区域携带、邮寄、运输空白发票，以及携带、邮寄或者运输空白发票出入境的，由税务机关责令改正，可以处 1 万元以下的罚款；情节严重的，处 1 万元以上 3 万元以下的罚款；有违法所得的予以没收。

丢失发票或者擅自损毁发票的，依照前款规定处罚。

三、违反《中华人民共和国发票管理办法》第二十二条第二款的规定虚开发票的，由税务机关没收违法所得；虚开金额在 1 万元以下的，可以并处 5 万元以下的罚款；虚开金额超过 1 万元的，并处 5 万元以上 50 万元以下的罚款；构成犯罪的，依法追究刑事责任。非法代开发票的，依照前款规定处罚。

四、有下列情形之一的，由税务机关处 1 万元以上 5 万元以下的罚款；情节严重的，处 5 万元以上 50 万元以下的罚款；有违法所得的予以没收：

（一）转借、转让、介绍他人转让发票、发票监制章和发票防伪专用品的；

（二）知道或者应当知道是私自印制、伪造、变造、非法取得或者废止的发票而受让、开具、存放、携带、邮寄、运输的。

五、对违反发票管理法规情节严重构成犯罪的，税务机关应当依法移送司法机关处理。

六、一般纳税人有下列情形之一的，不得使用增值税专用发票：

（一）会计核算不健全，不能向税务机关准确提供增值税销项税额、进项税额、应纳税额数据及其他有关增值税税务资料的。上列其他有关增值税税务资料的内容，由省、自治区、直辖市和计划单列市税务局确定。

（二）应当办理一般纳税人资格登记而未办理的。

（三）有《中华人民共和国税收征收管理法》规定的税收违法行为，拒不接受税务机关处理的。

（四）有下列行为之一，经税务机关责令限期改正而仍未改正的：

1. 虚开增值税专用发票；

2. 私自印制增值税专用发票；

3. 向税务机关以外的单位和个人买取增值税专用发票；

4. 借用他人增值税专用发票；

5. 未按《增值税专用发票使用规定》第十一条开具增值税专用发票；

6. 未按规定保管增值税专用发票和专用设备；

7. 未按规定申请办理防伪税控系统变更发行；

8. 未按规定接受税务机关检查。

有上列情形的，如已领取增值税专用发票，主管税务机关应暂扣其结存的增值税专用发票和税控专用设备。

七、刑法关于虚开发票处理

《中华人民共和国刑法》第二百零五条：虚开增值税专用发票或者虚开用于骗取出口退税、抵扣税款的其他发票的，处三年以下有期徒刑或者拘役，并处二万元以上二十万元以下罚金；虚开的税款数额较大或者有其他严重情节的，处三年以上十年以下有期徒刑，并处五万元以上五十万元以下罚金；虚开的税款数额巨大或者有其他特别严重情节的，处十年以上有期徒刑或者无期徒刑，并处五万元以上五十万元以下罚金或者没收财产。

有前款行为骗取国家税款，数额特别巨大，情节特别严重，给国家利益造成特别重大损失的，处无期徒刑或者死刑，并处没收财产。

单位犯本条规定之罪的，对单位判处罚金，并对其直接负责的主管人员和其他直接责任人员，处三年以下有期徒刑或者拘役；虚开的税款数额较大或者有其他严重情节的，处三年以上十年以下有期徒刑；虚开的税款数额巨大或者有其他特别严重情节的，处十年以上有期徒刑或者无期徒刑。

虚开增值税专用发票或者虚开用于骗取出口退税、抵扣税款的其他发票，是指有为他人虚开、为自己虚开、让他人为自己虚开、介绍他人虚开行为之一的。

对虚开增值税专用发票刑事案件定罪量刑的数额标准，可以参照《最高人民法院关于审理骗取出口退税刑事案件具体应用法律若干问题的解释》（法释〔2002〕30号）第三条的规定执行，即虚开的税款数额在五万元以上的，以虚开增值税专用发票罪处三年以下有期徒刑或者拘役，并处二万元以上二十万元以下罚金；虚开的税款数额在五十万元以上的，认定为刑法第二百零五条规定的“数额较大”；虚开的税款数额在二百五十万元以上的，认定为刑法第二百零五条规定的“数额巨大”。

教师教学服务说明

中国人民大学出版社财会出版分社以出版经典、高品质的会计、财务管理、审计等领域各层次教材为宗旨。

为了更好地为一线教师服务，近年来财会出版分社着力建设了一批数字化、立体化的网络教学资源。教师可以通过以下方式获得免费下载教学资源的权限：

在中国人民大学出版社网站 www. crup. com. cn 进行注册，注册后进入“会员中心”，在左侧点击“我的教师认证”，填写相关信息，提交后等待审核。我们将在一个工作日内为您开通相关资源的下载权限。

如您急需教学资源或需要其他帮助，请在工作时间与我们联络：

中国人民大学出版社　财会出版分社

联系电话：010-62515987，62511076

电子邮箱：ckcbfs@crup. com. cn

通讯地址：北京市海淀区中关村大街甲 59 号文化大厦 1501 室（100872）